GUANGDONG DANGXIAO XITONG
JINGPIN KE

广东党校系统精品课

（第一辑）

中共广东省委党校（广东行政学院）教务处　编

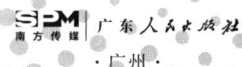

图书在版编目（CIP）数据

广东党校系统精品课. 第一辑 / 中共广东省委党校（广东行政学院）教务处编. —广州：广东人民出版社，2024.5
ISBN 978-7-218-16401-4

Ⅰ.①广… Ⅱ.①中… Ⅲ.①中国共产党—党校—广东—文集 Ⅳ.①D261.41-53

中国国家版本馆 CIP 数据核字（2024）第 096792 号

GUANGDONG DANGXIAO XITONG JINGPIN KE（DI-YI JI）
广东党校系统精品课（第一辑）
中共广东省委党校（广东行政学院）教务处　编　　版权所有　翻印必究

出　版　人：肖风华

出版统筹：卢雪华
责任编辑：伍茗欣　李宜励　舒　集
装帧设计：样本工作室
责任技编：吴彦斌

出版发行：广东人民出版社
地　　址：广州市越秀区大沙头四马路 10 号（邮政编码：510199）
电　　话：（020）85716809（总编室）
传　　真：（020）83289585
网　　址：http://www.gdpph.com
印　　刷：广州市豪威彩色印务有限公司
开　　本：787mm×1092mm　1/16
印　　张：15.25　　字　数：220 千
版　　次：2024 年 5 月第 1 版
印　　次：2024 年 5 月第 1 次印刷
定　　价：58.00 元

如发现印装质量问题，影响阅读，请与出版社（020-85716849）联系调换。
售书热线：020-87716172

编委会

主　任：蒋达勇

副主任：刘　朋

成　员：潘向阳　林盛根　许德友

目录
CONTENTS

牢牢把握团结奋斗的时代要求 …………………… 王培洲 / 001

学习党的三个历史决议　增强历史主动 …………… 朱孟光 / 027

时刻保持解决大党独有难题的清醒和坚定 ………… 吴记峰 / 054

着力提升产业链供应链韧性和安全水平 …………… 林柳琳 / 085

永葆"赶考"的清醒和坚定 …………………………… 孙宜芳 / 112

以改革为根本动力推动民营经济高质量发展 ……… 韩　靓 / 146

开辟马克思主义中国化时代化新境界 ……………… 陈少雷 / 176

着力推动粤港澳大湾区高质量发展 ………………… 彭芳梅 / 204

参考文献 ……………………………………………………… 229

牢牢把握团结奋斗的时代要求

王培洲

王培洲，博士毕业于中共中央党校马克思主义学院，现为中共广东省委党校科学社会主义教研部副主任、副教授，硕士研究生导师；广东省习近平新时代中国特色社会主义思想研究中心特约研究员。主要研究领域为党的意识形态建设等方面。主持国家社科基金两项，参与国家级、省级课题十余项，在《马克思主义研究》《光明日报》《社会主义研究》等期刊发表文章40余篇，获省直机关青年理论学习标兵、校（院）第一批教学标兵、校（院）优秀科研工作者奖等荣誉。

团结奋斗对中国共产党来说，既是一个老课题，又是一个新课题。说是老课题，是因为中国共产党正是依靠团结奋斗创造了辉煌的历史，党和人民取得的一切成就都是团结奋斗的结果；说是新课题，是因为我们又踏上了新的赶考之路，有了新的使命任务，也面临新的风险挑战，必须靠团结奋斗开辟美好未来！这是新时代新征程上的一个重大时代命题，我们必须牢牢把握团结奋斗的时代要求。

团结奋斗这个命题,在当前为什么重要?先看两个重大论断。一是"五个必由之路"。党的二十大报告再次鲜明强调了"五个必由之路",指出"团结奋斗是中国人民创造历史伟业的必由之路",① 这意味着团结奋斗是我们创造历史的一个规律性认识。不管在过去、现在还是将来,我们都必须依靠团结奋斗来从一个胜利走向新的胜利。二是"五个牢牢把握"。这是习近平总书记在参加党的二十大广西代表团讨论,强调如何学习贯彻党的二十大精神时提出的。要注意到,"五个牢牢把握"强调了伟大变革、社会主义思想的世界观和方法论、中国式现代化、自我革命,最后以团结奋斗收尾。② 这说明,团结奋斗是我们干事创业的一个应因时代的统摄性要求。

既然团结奋斗是一个时代命题,我们就从时代来看。毫无疑问,党的二十大报告是新时代新征程上新的宣言书。我们通过学习党的二十大报告,能够深刻认识到,党的二十大报告把团结奋斗写入标题、纳入主题,以团结奋斗开篇、以团结奋斗收尾,团结奋斗贯穿始终。我们把视域再放大,把团结奋斗放大到新时代十年中,去看新时代以来三次党的全国代表大会的主题和标题,会有更大启发。党的十八大报告强调为全面建成小康社会而奋斗。党的十九大报告强调为实现中华民族伟大复兴的中国梦不懈奋斗。党的二十大报告强调为全面建设社会主义现代化国家、全面推进中华民族伟大复兴而团结奋斗。

---

① 《中国共产党第二十次全国代表大会文件汇编》,人民出版社 2022 年版,第 58 页。

② 《心往一处想劲往一处使推动中华民族伟大复兴号巨轮乘风破浪扬帆远航》,《人民日报》2022 年 10 月 18 日。

三次党的全国代表大会报告一以贯之地强调了奋斗，从强调奋斗到强调不懈奋斗，再到强调团结奋斗，显然二十大报告所强调的团结奋斗，就是让我们以最紧密的团结形成最有力的奋斗，其中"团结奋斗"一词非常凸显。

事实上，习近平总书记在2022年春节团拜会上的讲话中有一段话不到300字，但出现了6次"团结奋斗"。讲话强调一个民族、一个政党必须团结奋斗，强调我们过去、现在和未来都必须要团结奋斗。因此，我们这节课要带着"团结奋斗"的时代紧迫感，站在新时代新征程上，去观察和思考团结奋斗的内涵、内容与做法。本课程从三个方面展开，即从"必由之路"理解团结奋斗的内在逻辑，从"开辟未来"明确团结奋斗的必然要求，从"牢固有力"把握团结奋斗的实践遵循，这三个方面分别对应为什么、是什么和怎么做，本课也是沿着这条基本思路来展开。

一、从"必由之路"理解团结奋斗的内在逻辑

党的二十大报告再次强调，团结奋斗是中国人民创造历史伟业的必由之路，表明党对团结奋斗的理论认识上升到了规律层面、达到了新的高度。所以我们首先要对团结奋斗有一个"理论上的清醒"。即当前为什么如此重视、如此强调团结奋斗？"必由之路"意味着过去我们是这么做的，现在和将来还要这么做。因此，从"必由之路"看团结奋斗，可以把团结奋斗的重要性和紧迫性看得更加清晰。

（一）从传统文化看团结奋斗

从文化逻辑来看，团结奋斗精神深深地体现在中华优秀传统文化之中。习近平总书记在文化传承发展座谈会上强调了中华文明具有"突出的统一性"，这种统一性就是我们能够团结奋斗的文化基因。总书记用了"国土不可分、国家不可乱、民族不可散、文明不可断"[①]四句话来说明这种统一性，正是因为有了这种统一性，中华民族表现出无与伦比的凝聚力与传承力，即使遭遇重大挫折也牢固凝聚。我们从古代思想家的名句中，也可以清晰地看到"团结奋斗"的主张。如"天时不如地利，地利不如人和""民齐者强""上下同欲者胜""天下兴亡，匹夫有责"，从这个方面看，团结奋斗是治国之道。《资治通鉴·唐纪大历十二年》中有句话说道："差点士人，春夏归农、秋冬追集、给身粮酱菜者，谓之'团结'。"显然，这里的团结奋斗指的是征兵打仗，从这个方面看，团结奋斗是兵法之要。有些团结奋斗的俗语，如"人多力量大"，我们至今还在使用；有些表达团结奋斗的图形，如"中国结"，我们非常亲切；《愚公移山》作为春秋战国时期主张团结奋斗的名篇，历久弥坚。由此看来，团结奋斗深深根植于中华民族的文化基因中。

（二）从理论依据看团结奋斗

从理论逻辑看，即从马克思主义理论依据看，团结奋斗是我们的政治基因。为什么这么讲？因为团结奋斗是马克思主义政党

[①] 习近平：《在文化传承发展座谈会上的讲话》，人民出版社2023年版，第3页。

的天然要求，这里有三个要点：

一是崇高的使命需要团结奋斗。在《共产党宣言》中，马克思、恩格斯在展望未来的时候指出，未来将是这样一个联合体，其中每个人的自由全面发展是未来目标，且为的是一切人。这个目标的崇高性体现在哪呢？我们从几个关键词来看，一个是"联合体"，一个是"每个人"，一个是"一切人"。自由全面发展可能是现代政党普遍追求的目标，但是马克思主义政党实现这个目标，关照的并不是原子式的个人，也不是一小部分人，而是绝大多数人，崇高性就体现在这里。

马克思、恩格斯在《共产党宣言》中有一句话说得更加明确，即"过去的一切运动都是少数人的，或者为少数人谋利益的运动。无产阶级的运动是绝大多数人的，为绝大多数人谋利益的独立的运动"[1]。毛泽东精辟地点明了这样一个道理："马克思列宁主义的基本原则，就是要使群众认识自己的利益，并且团结起来，为自己的利益而奋斗。"[2] 为什么共产党人要为多数人奋斗？在马克思主义者眼里，历史不是由少数人创造的，也不是由英雄创造的，而是由人民群众创造的。马克思、恩格斯在《神圣家族》中说历史活动是群众的事业，所以历史的深入必将是群众队伍的扩大。我们要推动历史发展，必然需要去实现群众的事业，当然要进行团结奋斗，把群众更多地团结起来、组织起来，共同奋斗。事实上，恩格斯有一个著名的历史合力论，讲的也是这个道理。恩格斯首先承认，每个人都想按照自己的预期、自己的愿望来创造历史。那么，既然每个人的想法都不同，团结奋斗是不

---

[1] 马克思、恩格斯：《共产党宣言》，人民出版社2014年版，第39页。
[2] 《毛泽东选集》第4卷，人民出版社1991年版，第1318页。

是就不可能形成了呢？恩格斯强调，即使每个人的想法有差异，但历史的发展会形成一个"合力"。从唯物史观来看，这个"历史合力"就是团结奋斗的轨迹。因为马克思主义政党的团结奋斗是沿着群众的"最大公约数"展开的，这个"最大公约数"事实上就是历史发展的普遍规律，如生产力决定生产关系，经济基础决定上层建筑等。

二是伟大斗争需要团结奋斗。追求崇高的道路向来是不平凡的，往往充满了困难和挑战。事实上，《共产党宣言》的第一句话就说明了实现崇高目标面临的挑战。马克思、恩格斯说，共产主义作为一个新事物出现以后，欧洲的一切势力都联合起来了，联合起来干什么？联合起来对共产主义进行"围剿"。所以，我们看到《共产党宣言》最后发出的号召是"团结奋斗的号召"，号召"共产党人到处都努力争取全世界民主政党之间的团结和协调"①；号召"全世界无产者，联合起来"②。这句话我们印象深刻，这是《共产党宣言》的最后一句话，这句话在陈望道的翻译中表达为"万国劳动者团结起来呵！"③ 直接就出现了"团结"二字。因此，共产党人在斗争中，依靠团结奋斗才能取得胜利。恩格斯在总结巴黎公社失败的教训时，明确指出斗争"缺乏集中"，这实际上说的就是团结不起来。相反，列宁在谈到无产阶级如何取得胜利时指出，要保持党的统一和实现无产阶级先锋队的意志的统一，显然，这里的"统一"就是团结奋斗。

---

① 马克思、恩格斯：《共产党宣言》，人民出版社2014年版，第65页。
② 马克思、恩格斯：《共产党宣言》，人民出版社2014年版，第66页。
③ 《马克思恩格斯著作在中国的传播》，人民出版社1983年版，第277页。

三是锻造钢铁般的组织需要团结奋斗。这是马克思主义政党的一个基本要求。恩格斯说:"我说的纪律,是指成了习惯的团结一致。"① 这里我们需要思考,"成了习惯的团结一致"是什么?团结奋斗怎么形成习惯?这种习惯事实上指的是"铁的纪律"。针对巴枯宁的宗派分裂主义,马克思、恩格斯进行了严厉批判,指出"无论现在和今后,成立任何真正的秘密团体都是绝不许可的"②。列宁在制定《俄共第十次代表大会关于党的统一的决议草案初稿》时,专门强调不得进行派别活动。这明确指出了马克思主义政党是一个钢铁般的组织,不是私人俱乐部。

因此,对马克思主义政党来说,正因为有了团结奋斗的政治基因,马克思主义政党才表现出使命型政党、先锋队政党的特性,才始终强调铁的纪律。

(三)从百年党史看团结奋斗

从历史逻辑看,尤其是从中国共产党的百年奋斗史看,团结奋斗是中国共产党的优良传统。关于团结奋斗,中国共产党历史上曾有过一个专门针对党的团结的决议。党的七届四中全会通过了《关于增强党的团结的决议》,该决议鲜明指出,党的团结的利益高于一切。党的团结作为一个政治原则,指导着党员干部的言论行动,同时也是纪律约束。毛泽东在《关于正确处理人员内部矛盾的问题》中又正式提出"团结——批评——团结"③ 这一处理人民内部矛盾的著名公式。

---

① 《马克思恩格斯全集》第 15 卷,人民出版社 1963 年版,第 286 页。
② 《马克思恩格斯全集》第 17 卷,人民出版社 1963 年版,第 456 页。
③ 《毛泽东文集》第 7 卷,人民出版社 1999 年版,第 210 页。

除了这个专门针对团结的决议，我们知道，在中国共产党的历史上一共有三个重要的历史决议。这三个历史决议都在历史的关键节点上起到了关键的作用，而其中"团结"是贯穿这三个历史决议的关键词和一条主线。第一个历史决议诞生于全民族抗战即将胜利之时，使得七大之前党的思想高度统一，也使七大成为党的历史上团结的大会、胜利的大会。第二个历史决议诞生于改革开放之后不久，使党对于重大历史问题的是非统一了认识，为改革开放创造了安定团结的局面。第三个历史决议是在建党百年之际、在"两个一百年"奋斗目标交汇的伟大历史时刻形成的，是中国共产党团结带领各族人民为实现中华民族伟大复兴的迫切需要。

再看具体内容，团结奋斗的意蕴在三个历史决议中体现出很高的能见度和分辨率。第一个历史决议讲到，全党同志如同一个和睦的家庭，如同一块坚固的钢铁，为抗日战争彻底胜利和中国人民的完全解放而奋斗。在这里，"坚固的钢铁"这样的表述我们现在仍旧在使用。第二个历史决议讲到只要全党紧密团结一致，并且同人民群众紧密团结一致，那么困难就压不倒我们。这里不仅强调了党的团结一致，还强调了党同人民的团结一致。第三个历史决议鲜明地指出团结就是力量，强调统一战线是我们克敌制胜的重要法宝。在中国共产党的三大法宝里，统一战线是排名第一的法宝，是团结奋斗的成果。在新时代新征程的今天，统一战线的威力和作用更加突出，是重要法宝。可见，在三个历史决议中，团结奋斗的分量有多足，团结奋斗贯穿了中国共产党的奋斗历程。

三个历史决议中贯穿的"团结奋斗"精神，体现在一个个具体的共产党人身上，印刻在"红军不怕远征难，万水千山只等闲"的红军战士身上，展现在"干惊天动地事，做隐姓埋名人"

的"两弹一星"研制者身上，书写在"杀出一条血路来"的改革开拓者身上，定格在1800多名为打赢脱贫攻坚战献出宝贵生命的党员、干部身上，激扬在面对新冠肺炎疫情坚守岗位、一往无前的最美逆行者身上……党的百年历史，就是一部党领导人民团结奋斗、赢得伟大胜利的历史。

（四）从现实挑战看团结奋斗

从现实逻辑看，团结奋斗是新时代十年实现伟大变革的重要原因，但我们也要清醒地认识到，我们正面临比以往更艰巨的任务、更大的风险，需要依靠团结战胜前进道路上的一切风险挑战。我们要从三个方面来把握：

一是从世情看，世界进入新的动荡变革期，不确定性越来越多。党的二十大报告用了"风高浪急"和"惊涛骇浪"来说明风险挑战之大，意识形态渗透，认知战打响，西方妄图利用互联网"扳倒中国"，一些西方国家领导人用"定时炸弹论"抹黑中国；贸易制裁、科技制裁；芯片断供；经济脱钩；涉台、涉港、涉疆、涉藏、涉南海等各种挑衅"你方唱罢我登场"，各种传统和非传统安全问题相互交织，单边主义、保护主义、霸权主义等威胁加剧，敌对势力处心积虑阻滞中华民族伟大复兴的历史进程。中国号巨轮在"风高浪急"和"惊涛骇浪"中必须团结奋斗才能乘风破浪。

二是从国情看，发展不平衡、不协调、不可持续的问题同时存在。群众遇到的种种问题、种种烦心事，本质上是由于当前正处于深刻的社会转型时期，从"摸着石头过河"到"深水区"。在社会转型时期，形势环境变化之快、矛盾风险挑战之多、治国理政考验之大前所未有。只有凝聚全党全国各族人民的智慧和力量,准确识变、科学应变、主动求变,用团结奋斗筑起防范化解各种风险挑战的铜墙铁壁,才能打赢各类遭遇战、攻坚战、持久战。以中国式现代化为例,中国式现代化作为人类历史上最为宏大而独特的实践创新,已经积累了丰富经验、形成了规律性认识,但仍有大量改革难题、发展课题、矛盾问题需要破解,任务极其艰巨,难度世所罕见。只有在党的领导下把14亿多中国人民的积极性、主动性、创造性充分激发出来、凝聚起来,民族复兴的宏伟蓝图才能一步步变成美好现实。

三是从党情看,党的十八大以来,全面从严治党是一个基本逻辑。显然,十八大以来全面从严治党取得了显著的成就,但我们也要清醒知道,我们正同样面临着风险和挑战。党的二十大报告强调了"全面从严治党永远在路上",又加上了"党的自我革命永远在路上","永远在路上"意味着进行时。新的"赶考"之路上充满风险和挑战,就中国共产党而言,确保长期执政是根本前提,必须以党的团结统一带动党和人民群众的团结奋斗,真正实现民心是最大的政治,才能筑牢党长期执政最可靠的阶级基础和群众根基。

二、从"开辟未来"明确团结奋斗的必然要求

团结奋斗的"四重逻辑"凸显了团结奋斗对当代中国共产党人的重要性和紧迫性。站在新的历史起点上,如何把握团结奋斗的必然要求?需要从目标导向、思想之旗、道路定向和精神动力四个方面来把握新时代新征程上的团结奋斗。

从"四重要求"看团结奋斗,依据是党的二十大精神。必须

明确的一个问题是，二十大报告作为新征程上的宣言书，所解决的核心问题是什么？这些问题和团结奋斗有何种深刻关联？习近平总书记在党的二十大前的省部级主要领导干部专题研讨班上的重要讲话中已经讲得非常清楚，总书记强调，二十大报告明确宣示的是："党在新征程上举什么旗、走什么路、以什么样的精神状态、朝着什么样的目标继续前进"①，这句话有四个要点——旗帜、道路、精神和目标，这和团结奋斗有什么关系？继续往后看这句话，这四个要素"对团结和激励全国各族人民为夺取中国特色社会主义新胜利而奋斗具有十分重大的意义"②。这说明四个要素与团结奋斗的内涵有内在的深刻关联。这种内在关联还体现在总书记的一句话中，即"围绕明确奋斗目标形成的团结才是最牢固的团结，依靠紧密团结进行的奋斗才是最有力的奋斗"③。所以，我们必须明确团结奋斗的目标，也必须在旗帜、道路、精神上形成最紧密的团结。

（一）目标导向：以团结奋斗实现中华民族伟大复兴

这个目标导向非常明确，习近平总书记在庆祝中国共产党成

---

① 《"学习习近平总书记重要讲话精神，迎接党的二十大"——论学习贯彻习近平总书记在省部级主要领导干部专题研讨班上重要讲话》，人民出版社2022年版，第4页。

② 《"学习习近平总书记重要讲话精神，迎接党的二十大"——论学习贯彻习近平总书记在省部级主要领导干部专题研讨班上重要讲话》，人民出版社2022年版，第4页。

③ 《"学习习近平总书记重要讲话精神，迎接党的二十大"——论学习贯彻习近平总书记在省部级主要领导干部专题研讨班上重要讲话》，人民出版社2022年版，第38—39页。

立一百周年大会上的重要讲话中用"五个一"鲜明指出,一百年来、一切奋斗、一切牺牲、一切创造、一个主题,这个主题是什么?就是实现中华民族伟大复兴!我们今天为什么要更深刻地了解?因为今天我们比历史上任何时期都更接近,都更有能力和信心实现这样一个目标。我们可以把这个目标看作靶心,围绕靶心,各个力量有的放矢,团结一致,在这个目标下拧成一股绳,想在一起、站在一起、干在一起。党中央统筹部署提出中心任务,强调以中国式现代化全面推进中华民族伟大复兴。党的二十大报告强调用统一战线动员全体中华儿女;强调人民军队要为这样一个目标提供战略支撑;强调要推进粤港澳大湾区建设,支持香港、澳门更好融入国家发展大局,为实现这一目标更好发挥作用;还强调要解决台湾问题,实现祖国完全统一,并指出这是实现复兴目标的必然要求。当然也对中国共产党做了要求,这个要求就是要始终赢得人民拥护,巩固长期执政地位,保持解决大党独有难题的清醒和坚定。目标很明确,但是我们知道实现目标具有阶段性和复杂性,我们必须依靠团结奋斗,围绕目标形成奋斗的"历史合力",才能最终实现民族复兴。

需要注意的是,团结奋斗的目标一旦确定,就没有"旁观者",需要每一个人在各自岗位上奋斗,汇聚成奋斗的磅礴伟力。我们以共同富裕这个目标为例,我们知道"富裕"是任何一个政党、任何一个国家都会追求的一个目标。但是实现全体人民共同富裕深刻体现马克思主义政党特质。我们必须深刻认识到,共同富裕需要一起努力,团结奋斗。这就是说,我们不能仅仅去享受共同富裕这个结果,还需要每个人都参与到实现共同富裕的过程中。共同富裕不仅仅是党中央的事情,不仅仅是党员干部的事情,它更需要14亿中国人一起团结奋斗。所以,共同富裕是目标导向和行动导向的统一，不是天上掉下来的，而是依靠团结奋斗、迎难而上争取来的。

（二）思想之旗：以党的指导思想指引团结奋斗的方向

这里强调的是党的指导思想的重要性。在党章中，党的指导思想有一个精准表述，即"行动指南"。中国共产党之所以能够完成近代以来各种政治力量不可能完成的艰巨任务，就在于始终把马克思主义这一科学理论作为自己的行动指南，并坚持在实践中不断丰富和发展马克思主义。这使中国共产党得以摆脱以往一切政治力量追求自身特殊利益的局限。所以，指导思想也是一面思想之旗。

显然，我们团结奋斗需要思想引领。众所周知，中国共产党的指导思想以马克思主义为基础，马克思主义有一个不断中国化时代化的过程。习近平新时代中国特色社会主义思想是21世纪马克思主义、当代中国马克思主义，是马克思主义中国化时代化的最新成果。那么，我们把握团结奋斗的时代要求，必然要以习近平新时代中国特色社会主义思想为指引。

我们有理由去更进一步思考，当前为什么我们要学习贯彻习近平新时代中国特色社会主义思想？习近平总书记在主题教育工作会议上的讲话的开头就说明了原因。总书记强调，团结统一是党的生命，是党的力量所在。首先点明团结统一对中国共产党的重要性。接着，总书记强调"思想上的统一是党的团结统一最深厚最持久最可靠的保证"[1]，也就是说，团结统一虽然有可能是

---

[1] 习近平：《在学习贯彻习近平新时代中国特色社会主义思想主题教育工作会议上的讲话》，人民出版社2023年版，第2页。

建立在感情上的，也有可能是建立在利益上的，但是思想上的统一是"最深厚最持久最可靠的保证"，团结奋斗必须有思想之旗作保证。这也是党向来主张用党的理论武装全党的原因。习近平总书记在全国宣传思想文化工作会议上，强调"用党的创新理论武装全党、教育人民"①，唯有如此，团结奋斗才有共同的思想基础，才拥有强大的内驱力，团结奋斗才能深入内心。

进一步理解团结奋斗和思想之旗的关系，我们可以从"三个统一"来看。用党的二十大精神统一思想、统一意志、统一行动，是学习贯彻党的二十大精神的鲜明要求。为什么排在首位的是统一思想？显然，如果思想不统一，意志和行动就不统一，团结奋斗也就失去了基础。当前，意识形态领域多元思想文化相互交流交融交锋，主流意识形态与多元化社会思想长期并存，相互激荡，引领社会思潮、凝聚思想共识的任务尤其繁重。我们都学习过《习近平新时代中国特色社会主义思想学习问答》这部著作，这本书中列了100个重要问题，其中很多问题在十八大以来的一段时间里，有些人并没有做到"理论上清醒"。例如，为什么说中国特色社会主义是社会主义，不是别的什么主义？为什么说改革开放前后两个历史时期不能相互否定？为什么说我们坚持的依宪治国、依宪执政，与西方所谓"宪政"本质上是不同的？为什么说中国共产党是马克思主义执政党，同时是马克思主义革命党？为什么要旗帜鲜明反对西方所谓的"普世价值"？

有些人没有看清这里面暗藏的"西方中心主义"玄机，认为

---

① 《坚定文化自信秉持开放包容坚持守正创新　为全面建设社会主义现代化国家　全面推进中华民族伟大复兴提供坚强思想保证强大精神力量有利文化条件》，《人民日报》2023年10月9日。

西方"普世价值"经过了几百年，为什么不能认同？西方一些政治话语为什么不能借用？接受了我们也不会有什么大的损失，为什么非要拧着来？有的人奉西方理论、西方话语为金科玉律，不知不觉成了西方资本主义意识形态的吹鼓手。以"阿拉伯之春"为例，在西方价值观念鼓捣下，叙利亚、利比亚这些国家被折腾得不成样子了，有的四分五裂，有的战火纷飞，有的整天乱哄哄的。当事国有些人看得很清楚，埃及《金字塔报》评论员文章指出，"阿拉伯之春"让西方民主在阿拉伯的土地上实现短暂狂欢，但这场狂欢所引发的暴力、战争和恐怖主义却摧毁了不少阿拉伯国家的社会秩序。

习近平总书记十多年前就在思考这样一个问题："我一直在想，如果哪天在我们眼前发生'颜色革命'那样的复杂局面，我们的干部是不是都能毅然决然站出来捍卫党的领导、捍卫社会主义制度？我相信，绝大多数党员、干部是能够做到的。"①

因此，统一思想极端重要，团结奋斗必须有共同的思想基础，这就是习近平新时代中国特色社会主义思想。一是要用这一思想指引团结奋斗的正确方向，这是一个根本遵循。二是要用这一思想解决团结奋斗中遇到的各种难题，在这里这一思想发挥着思想武器的作用。所以深刻领悟学习习近平新时代中国特色社会主义思想的真理力量和实践伟力，如此我们才能在统一思想的基础上做到统一意志、统一行动，实现团结奋斗。

---

① 《习近平著作选读》第1卷，人民出版社2023年版，第133页。

（三）道路定向：坚定中国特色社会主义道路团结奋斗

有人认为，沿着什么样的道路团结奋斗是一个不言自明的问题，这就低估了团结奋斗中道路问题的重要性。我们现在走的中国特色社会主义道路，一路走来并不轻松，也不容易。党的十二大上，邓小平指出，走自己的道路，建设有中国特色的社会主义，这样一个判断是对道路的笃定，但是过程非常艰难。当时所使用的概念叫建设"有中国特色的社会主义"，这显然和我们今天讲的"中国特色社会主义"概念表述有所不同。

在此可以很明显地看到多出两个字，一个是中国特色前面的"有"字，另一个是中国特色和社会主义之间的"的"字。从这个概念演进来看，能够看出中国特色社会主义是一步一步走来的。在党的十二大上，我们所使用的"有中国特色的社会主义"概念，在十三大至十五大之间不断进行完善，我们在那个时期把"的"字已经去掉了，到了十六大，"中国特色社会主义"这个概念表述事实上才真正形成。我们看到的是概念的确定，事实上背后表达的是对道路的坚定，我们是怎么把道路中的不确定性变成了确定性？依靠的就是团结奋斗克服各种风险挑战，没有一个人告诉过我们社会主义国家要怎样进行市场经济改革。所以，我们找到这样一条路并不容易。

有的国家在道路选择上变来变去。如过去几十年里阿根廷在自由和反自由、军人独裁和民选民主、国有化和私有化、对外开放和闭关锁国、偿还外债和赖账等诸多问题上，反复横跳，但不管跳往哪一边，都没有解决阿根廷的根本问题。40多年时间，阿根廷的GDP由占中国的40%（1980年），下降到只占中国的

3.5%（2022年）。显然，阿根廷还没有找到国家发展和富强的道路。具体来说，就是他们试了很多方法，有些方法还反复试，试一次不行，换个别的办法试几年，几年过后回头再试一下老办法……但是不管怎么试，都没有找到一条适合自己发展的道路。

有的国家曾经找到了这条路，但是没有坚持到底。邓小平在20世纪80年代末指出，"别人的事情我们管不了，只讲一个道理：中国的社会主义是变不了的"①，这里强调的就是中国要沿着自己选择的社会主义道路走到底。苏共曾几何时也是一个大党、老党，他们曾选定了让他们变得越来越强大的道路。但是他们在20世纪90年代，由于内外的原因，又放弃了这样一条道路，这样一条道路放弃之后，他们就再也回不到昔日的辉煌了。习近平总书记曾说他"一直思考的一个问题"：我们共产党人能不能打仗，已经证明了；能不能搞建设发展，也已经证明了；但是我们能不能在日益复杂的国际国内环境下，坚持住党的领导，坚持和发展中国特色社会主义，这需要我们一代一代共产党人继续作出回答。这就是说，我们能不能走好中国特色社会主义道路，能不能沿着这条道路团结奋斗，这是一个重大的问题，是值得我们当前深入思考的问题。

党的二十大报告鲜明地指出，要坚持中国特色社会主义道路，指出我们不走老路、不走邪路，尤其强调把国家和民族的发展放在自己力量的基点上，把我们的命运牢牢掌握在自己的手中。所以我们在团结奋斗的过程中，必须坚定这种道路自信，必须沿着正确的道路行进，这样我们的团结奋斗才有意义，才能做到继往开来。

---

① 《邓小平文选》第3卷，人民出版社1993年版，第320页。

（四）精神动力：以精神谱系永葆新时代团结奋斗的状态

前面我们讲到了团结奋斗，要有共同的利益；那现在我也问大家，团结奋斗只有共同的利益够不够？显然，还需要精神支撑！如果没有精神引领支撑，一个政党不可能成为一个大党、强党；一个马克思主义政党如果忘掉了自己的宝贵精神，告别了自己的精神财富，必然会导致苏共的结局。这个问题恩格斯看得非常清楚，恩格斯指出，一个真正想达到这个目的，并且具有达到这个目的所必不可缺的顽强精神的政党是不可战胜的。这里鲜明地指出，一个政党不光要有目的，还要有精神。团结奋斗也是如此，不光要有共同的目标和共同的利益，同样要有伟大的精神支撑。在庆祝中国共产党成立100周年大会上的讲话中，习近平总书记突出强调了伟大建党精神，并把伟大建党精神视为中国共产党的精神之源，那就意味着我们以坚持真理、坚守理想，践行初心、担当使命，不怕牺牲、英勇斗争，对党忠诚、不负人民的伟大建党精神为源头，构建起了中国共产党人的精神谱系。这是我们团结奋斗宝贵的精神资源。这些宝贵精神财富跨越时空、历久弥新，集中体现了党的坚定信念、根本宗旨、优良作风，凝聚着中国共产党人的伟大品格，深深融入党、国家、民族和人民的血脉之中，是我们在各个时期团结奋斗的精神支撑。

46个第一批纳入中国共产党人精神谱系的伟大精神，无论是革命时期，还是建设时期，抑或是改革开放新时期和新时代形成的精神，这些精神哪一个和团结奋斗没有关系？哪一个不是靠团结奋斗形成的？

回到二十大报告，报告在大会主题中就强调了"弘扬伟大建党精神，自信自强、守正创新、踔厉奋发、勇毅前行"。读到这里还不够，还要看后面一句话，后面这句话恰恰说明了我们弘扬伟大建党精神是为了做什么？那就是，为了全面建设社会主义现代化国家、全面推进中华民族伟大复兴而团结奋斗。这里，团结奋斗才是落脚点，所以团结奋斗必须有精神谱系作支撑。

讲到这里，我们为第二部分的内容做一个简单的小结。如何在开辟未来这样一个目标下，把握团结奋斗的内在要求，需要从四个方面来把握：一是明确目标，二是高举旗帜，三是坚定道路，四是发扬精神，这四个方面事实上也构成了"中国共产党人的团结奋斗学"。

三、从"牢固有力"把握团结奋斗的实践遵循

牢固有力的团结奋斗，有何实践遵循？在以中国式现代化全面推进中华民族伟大复兴的过程中，如何使团结奋斗发挥出强大力量？可以从三个方面来把握：一是把牢团结奋斗的"主心骨"，二是画好团结奋斗的"同心圆"，三是吹响团结奋斗的"冲锋号"。

（一）把牢团结奋斗的"主心骨"

万山磅礴，必有主峰。团结奋斗如果没有"主心骨"，那么就不能形成真正紧密的团结。习近平总书记深刻指出："我们这么大一个党、这么大一个国家，如果没有党中央定于一尊的权威，

公说公有理,婆说婆有理,争论不休,不仅会误事,而且要乱套!"① 显然,面对复杂形势和艰巨任务,党要做到"任凭风浪起,稳坐钓鱼船",在新的"赶考"路上不断取得新的胜利,必须有一个坚强的中央领导集体。

无论从党的历史还是从现实来看,都还存在着个人主义、分散主义、自由主义、本位主义等现象,这些现象很容易造成"一盘散沙"的局面。这样,团结奋斗就无从谈起。

如何保证中央有权威?显然需要全党有核心,全党一起维护这个核心,这样才能确保团结奋斗的强大政治凝聚力。一个国家、一个政党领导核心至关重要。毛泽东曾形象地说,一个桃子剖开来有几个核心?只有一个核心。邓小平也曾指出,任何一个领导集体都要有一个核心,没有核心的领导是靠不住的。回顾百年党史,遵义会议确立了毛泽东在红军和党中央的领导地位,从此中国革命换新颜,不断从胜利走向新的胜利。党的十一届三中全会形成了以邓小平为核心的党的第二代中央领导集体,中国人民迎来了从站起来到富起来的历史飞跃。

一个有着9800多万名党员的大党,一个有着56个民族和14亿多人的大国,如果党中央没有核心,全党没有核心,显然就会成为一盘散沙,什么事也办不成。全党有核心,党中央才有权威,党才能有凝聚力,这就需要我们坚决做到"两个维护",服从核心,维护核心,才能使团结奋斗有主心骨。这意味着我们全党上下步调一致,同向而行,在党的旗帜下凝聚成一块坚硬的钢铁,具体来说就是落实好党中央的各项决策部署,在行动上始终跟紧

---

① 习近平:《论坚持人民当家作主》,中央文献出版社2021年版,第170页。

核心。

当然这里还需要注意的是，我们讲的服从核心，维护核心，不是抽象的，我们讲的"两个维护"不是抽象的，而是具体的；不是口头的，而是行动的；不是有条件的，而是无条件的；不是片面的，而是全面的；不是一时一地的，而是随时随地的。唯有如此才能真正确保团结奋斗的"主心骨"，才能使团结奋斗牢固有力，面对困难挑战不断披荆斩棘。

（二）画好团结奋斗的"同心圆"

维护核心，保证了党的团结统一。那么如何把团结奋斗的"同心圆"越画越大，还需要保证党和人民群众的团结。

习近平总书记强调，"江山就是人民、人民就是江山"[1]，并强调"打江山、守江山，守的是人民的心"[2]。我们靠团结奋斗打下了江山，也要靠团结奋斗守好江山。民心是最大的政治，守住人民的心，就要和人民群众想在一起、站在一起、干在一起，和人民群众一起团结奋斗，不断满足人民群众对美好生活的向往。

画好"同心圆"，党和人民群众的团结是关键。《中国共产党的历史使命与行动价值》一书中有一句话说得非常形象，党"与人民有福同享、有难同当，有盐同咸、无盐同淡"[3]，我们如何做到这些？书中也给出了答案，就是群众路线！即"党创立和坚持

---

[1] 习近平：《论坚持人民当家作主》，中央文献出版社2021年版，第303页。

[2] 习近平：《论坚持人民当家作主》，中央文献出版社2021年版，第303页。

[3] 中共中央宣传部：《中国共产党的历史使命与行动价值》，人民出版社2021年版，第11页。

一切为了群众，一切依靠群众，从群众中来，到群众中去的群众路线"[1]。在百年奋斗历程中，群众路线保证了党同人民群众的"血肉联系"。如何通过群众路线把群众"组织起来"一起团结奋斗？有三个要点：一是注重满足人民群众的物质利益。党的十八大以来，习近平总书记不辞辛苦，舟车劳顿，经常出现在田野、渔村、社区、百姓家庭、小饭馆、超市、工厂车间、民营企业、科学实验室、医院病房、大中小学校园、边防哨所，甚至出现在农民的猪圈和厕所，倾听群众的真实想法，了解基层工作和惠民政策的落地情况。习近平总书记为当天赶到重庆的一个土家族贫困村，接连坐飞机、转火车、换汽车。他说："换了三种交通工具到这里，就是想实地了解'两不愁三保障'是不是真落地。"[2]二是注重强化与人民群众的情感联系。习近平总书记反复讲的"半条被子"的故事就蕴含着这样的情感，让群众知道了共产党员就是自己有一条被子，也要剪下半条给老百姓的人。三是清醒认识到"脱离群众的危险"。习近平总书记在第二批党的群众路线教育实践活动中联系兰考县，在兰考县委常委扩大会议上的讲话中连续发问："这些年，我们的发展成效很显著，人民群众物质文化生活水平不断提高，但冷静一想，是不是党的凝聚力、群众的向心力就同步提高了？是不是党同人民群众的联系就更加密切了？"[3]这说明中国共产党对脱离群众危险的高度重视和高度警

---

[1] 中共中央宣传部：《中国共产党的历史使命与行动价值》，人民出版社 2021 年版，第 11 页。

[2] 本书编写组：《脱贫——中国为什么能》，人民出版社 2022 年版，第 105 页。

[3] 习近平：《做焦裕禄式的县委书记》，中央文献出版社 2015 年版，第 34-35 页。

惕。当前总书记强调走好新时代群众路线，群众上了网，还要走好网上群众路线，这是在新的历史起点上，继续保持党和人民群众团结奋斗的关键。

画好同心圆，除了群众路线，还需要统一战线。党和人民群众形成血肉联系之后，同心圆如何再扩大？党的百年奋斗深刻揭示，团结的面越宽、团结的人越多，我们的力量就越强、胜利的把握就越大。党的二十大报告指出，人心是最大的政治，统一战线是凝聚人心、汇聚力量的强大法宝。所以我们要通过统一战线来实现大团结大联合，把同心圆的半径不断扩大。习近平总书记在中央统战工作会议上强调，统一战线因团结而生，靠团结而兴，还强调统战工作的本质要求就是大团结大联合；强调我们通过发扬"团结—批评—团结"的优良传统，在多样性中寻找一致性，找到最大公约数，画出最大同心圆。所以，通过统一战线，我们可以把同心圆越画越大。

中国共产党领导的统一战线已经发展成为全体社会主义劳动者、社会主义事业的建设者、拥护社会主义的爱国者、拥护祖国统一和致力于中华民族伟大复兴的爱国者的最广泛联盟，统一战线呈现出团结奋斗的生动局面。需要注意的是，画好同心圆，圆心是中国共产党，在中国共产党这个圆心下，把半径越画越大，不断铸牢中华民族共同体意识，不断构建人类命运共同体，团结一切可以团结的力量，调动一切可以调动的积极因素。近些年我国发展内外环境发生了深刻变化，所有制形式更加多样，社会阶层更加多样，社会思想观念更加多样。越是利益多元、思想多样，越要凝聚思想共识、汇聚强大力量。新的征程上，必须坚持大团结大联合，坚持一致性和多样性的统一，加强思想政治引领，广泛凝聚共识，广聚天下英才，铸牢中华民族共同体意识，促进政党关系、民族关系、宗教关系、阶层关系、海内外同胞关系和谐，努力寻求最大公约数、画出最大同心圆，形成携手并肩、和衷共济的生动局面。

这里，我们简要总结画好"同心圆"的几个重要步骤：首先需要通过维护核心，确保党的团结统一；其次要践行好群众路线，确保党和人民的团结；再次要坚持统一战线，形成大团结大联合的生动局面。这样我们就会把同心圆越画越大，越画质量越高，团结得越紧密。

（三）吹响团结奋斗的"冲锋号"

团结奋斗有鲜明的问题导向，遇到问题就要解决问题，各种困难挑战呼唤斗争精神，强调发扬斗争精神，事实上吹响了团结奋斗的冲锋号。

习近平总书记指出，"面对国际局势急剧变化，特别是面对外部讹诈、遏制、封锁、极限施压"[1]，我们必须发扬斗争精神，必须在斗争中掌握发展主动权。如果说当前我们所遇恶劣的外部环境使我们必须拧成一股绳团结奋斗，那么斗争就是团结奋斗的应有状态，"顽强斗争"这个团结奋斗的冲锋号已经吹响，要在敢于斗争、善于斗争中激发团结奋斗的磅礴力量。

习近平总书记在2019年秋季学期中央党校（国家行政学院）中青年干部培训班开班式上的讲话中强调了五种挑战，并指出这五种挑战只要来了，我们就必须坚决斗争，而且必须取得斗争胜利！这五种挑战是：危害党的领导和社会主义制度的挑战，危害

---

[1] 《中国共产党第二十次全国代表大会文件汇编》，人民出版社2022年版，第3页。

我国主权、安全、发展利益的挑战，危害我国核心利益和重大原则的挑战，危害我国人民根本利益的挑战，危害我国实现"两个一百年"奋斗目标、实现中华民族伟大复兴的挑战。我们要深刻认识到这些挑战都不是一般的，每一个挑战都影响着我们能否如期实现中华民族伟大复兴这个目标。如果这些挑战来了，"一些党员、干部缺乏担当精神，斗争本领不强，实干精神不足"①，那么复兴使命如何实现？

这里，我们要更加深刻地理解"三个务必"，"三个务必"强调了初心使命，强调了艰苦奋斗，最后一条强调的正是敢于斗争、善于斗争。这意味着，团结奋斗内在地需要做到敢于斗争、善于斗争，只有这样我们在困难面前才能不被压倒，才能增强历史主动性。

党的二十大报告中有一句话，在二十大开幕会直播时，这句话激起了热烈的掌声，即习近平总书记指出的"增强全党全国各族人民的志气、骨气、底气，不信邪、不怕鬼、不怕压"②，这里强调的是知难而进、迎难而上，靠的是顽强斗争。总书记强调"依靠顽强斗争打开事业发展新天地"③，这句话完全可以看作是团结奋斗的冲锋号。这意味着，无论敌人如何强大、道路如何艰险、挑战如何严峻，我们必须毫不畏惧、绝不退缩，敢于斗争、敢于胜利。新时代的共产党人，应当摒弃一切畏首畏尾、一切消

---

① 《中国共产党第二十次全国代表大会文件汇编》，人民出版社 2022 年版，第 12 页。

② 《中国共产党第二十次全国代表大会文件汇编》，人民出版社 2022 年版，第 23 页。

③ 《中国共产党第二十次全国代表大会文件汇编》，人民出版社 2022 年版，第 23 页。

极懈怠、一切瞻前顾后,始终保持狭路相逢勇者胜、越是艰险越向前的大无畏气概。遇到矛盾问题绕着走,遇到困难挑战打退堂鼓,遇到失败挫折一蹶不振,不符合共产党人的要求,也是担当不起历史重任的。

当然,需要指出的是,我们要科学把握善于斗争的方式方法。要坚持有理有利有节,在原则问题上寸步不让,在策略问题上灵活机动,在斗争中促团结、谋合作、求共赢。要区分两类不同性质的矛盾,采用不同的斗争方式。对人民内部的矛盾、思想上的问题,要坚持从团结的原则出发,运用"团结—批评—团结"的公式,采取讨论、批评、说理的方法解决,在新的基础上达到新的团结。

还要清醒认识到,斗争本领不是与生俱来的,党员、干部要经受严格的思想淬炼、政治历练、实践锻炼、专业训练,多经"风吹浪打",多捧"烫手山芋",多当几回"热锅上的蚂蚁",在斗争中练胆魄、磨意志、长才干、促团结,真正成为担得起民族复兴重任的骨干栋梁,以过硬的斗争本领不断创造团结奋斗的新业绩。

在新征程上没有旁观者,更没有局外人!你我都是斗士,都要靠团结奋斗战胜困难挑战,靠团结奋斗从胜利走向新的胜利!让我们以更加紧密的团结、更加顽强的奋斗,把民族复兴的历史伟业不断推向前进!

学习党的三个历史决议 增强历史主动

朱孟光

朱孟光，毕业于中共中央党校中共党史（党的学说与党的建设）专业，获法学博士学位。现为中共广东省委党校（广东行政学院）党建教研部副主任、硕士研究生导师、广东省科学社会主义学会理事。主要研究领域为中共党史和执政党建设基本问题等方面。在《当代中国史研究》《党史研究与教学》等报刊发表学术论文数十篇。出版《中共广东早期组织的创建》《中国共产党基层组织活动方式社会化研究》等学术著作多部。主编《新时代广东创新实践》系列丛书之《书写人民美好生活的广东答卷》，该书还作为广东省党校（行政学院）系统精品教材。参与《牢记嘱托 再创新局——学习贯彻习近平总书记对广东工作重要批示精神辅导读本》等多部辅导读本的编写工作，该书获广东省哲学社会科学一等奖（集体）。主持和参与国家社科基金和省部级课题多项，撰写形成多篇决策咨询研究报告，并获得省委主要领导的肯定性批示。

中国共产党在100多年的奋斗历程中，先后制定并通过了三个关于自身若干历史问题的决议。如果将其放在整个世界政党比较之中来看，这是绝无仅有的事情。以至于当年党在延安讨论制定并通过第一个历史决议时，曾担任国民党中央宣传部部长和民国外交部长的王世杰也观察到了我们用很长的时间来进行历史总结。党还开了一个跨年的先后历时11个月的史上最长时间的会议——六届七中全会。当时，王世杰对此大为不解。他曾这样问周恩来："你们怎么拿那么长的时间来作历史总结？这在国民党是不会这样搞的。普通的政党都不会这样搞。"① 恰恰是他说的这两个"不会这样搞"说明了，中国共产党相比其他政党具有更加强烈的历史意识和历史自觉。中国共产党讨论制定并通过的这三个历史决议，作为系统总结党的历史经验的光辉文献，是党掌握历史主动，以史为鉴、开创未来的鲜明写照和集中体现。2022年10月16日，习近平总书记在党的二十大报告中强调，中国共产党已走过百年奋斗历程。新时代新征程，我们要坚定历史自信、增强历史主动，谱写新时代中国特色社会主义更加绚丽的华章。

一、党的三个历史决议的功能价值

虽然党的三个历史决议各自形成于不同的历史时期，也在特定的历史时期发挥着特定的功能和价值，但是如果我们把党的三个历史决议作为一个整体来看就会发现，党的三个历史决议具有

---

① 胡乔木：《胡乔木回忆毛泽东》（增订本），人民出版社2014年版，第10页。

一些共性的功能价值。在整体上可以大致从对内与对外的功能价值来分析。党的三个历史决议都具有在重大历史关头推进社会革命，保证全党团结统一、行动一致，加强党的自身建设、推进党的自我革命等对内的功能价值，同时还具有对外向世界展开沟通对话与宣示的功能价值。

（一）重大历史关头推进社会革命

党的三个历史决议都形成于中国共产党的历史发展的重大节点和转折关头，都为党在重大的历史关头推进伟大的社会革命发挥了重要的作用。

第一个历史决议形成于抗日战争即将全面胜利的重大历史节点。抗日战争的伟大胜利，洗刷了近代以来中国人民抗击外来侵略屡战屡败的民族耻辱，开辟了中华民族伟大复兴的光明前景。中华民族即将实现从被奴役、被侵略到"站起来"的历史性转变。第二个历史决议形成于"文化大革命"结束不久，改革开放全面起步的重大历史节点。这也是中华民族从"站起来"到"富起来"大踏步赶上时代的重要历史转折关头。第三个历史决议形成于中国共产党成立100周年、"两个一百年"奋斗目标交汇的重要历史时刻，也是中华民族从"富起来"到"强起来"转变的重大历史关头。在这些重大的历史关头，党的三个历史决议都发挥了各自在推进特定历史时期的社会革命中的作用。

正如习近平总书记所说，在争取抗日战争最后胜利的关头，党的六届七中全会通过了《关于若干历史问题的决议》，有力地促进了中国革命事业的发展。而进入改革开放新时期，党的十一届六中全会通过了《关于建国以来党的若干历史问题的决议》，对更好推进改革开放和社会主义现代化建设产生了重大影响。在党和人民胜利实现第一个百年奋斗目标,全面建成小康社会,正在向着全面建成社会主义现代化强国的第二个百年奋斗目标迈进的重大历史关头,党的十九届六中全会通过的《中共中央关于党的百年奋斗重大成就和历史经验的决议》,将对团结带领全国各族人民夺取新时代中国特色社会主义新的伟大胜利具有重大而深远的意义。

(二)保证全党团结统一、行动一致

党的三个历史决议是为了解决特定历史时期在坚持党的领导上存在的特定问题而制定的,都起到了统一全党认识、加强全党团结、实现全党团结一致向前进的作用。

第一个历史决议的制定主要是针对当时党内存在的山头主义和宗派主义等问题。遵义会议后,全党真正深刻认识到维护党中央权威和集中统一领导的重大意义并成为自觉行动还经历了一个过程。长征途中,在党最需要团结的时候,张国焘挟兵自重、另立中央,公然走上分裂党和红军的道路。党过去有很多山头,然后才逐步联合成为统一的党。这种山头主义,在党内曾一度发展到了非常顽固的程度。在抗日战争时期,一些同志还对党中央采取不尊重的态度,甚至是与党中央直接对立。在一些重大的、具有全国性的问题上,不先经过中央的同意和批准就做了。还有一些干部对于一些带有全国性的政治问题,随便地发表自己的意见,或者依据自己的估计决定党的政策。尤其在抗战初期,王明在党内拉帮结派、我行我素,不听党中央指挥。在对维护党中央权威和集中统一领导等问题上的错误思想进行批评和总结的基础上,1945年4月20日,六届七中全会举行了最后一次会议。会议开始时,李富春宣读了王明给六届七中全会的公开信。王明在信中也承认了自己以前所犯的错误,他表示拥护党的历史决议,并且对自己以前所犯的错误进行了自我批评。博古等同志,他们在历史上也犯过错误。在会上再次表示,要继续进行检讨,承担责任,汲取教训。会议最终审议并表决通过了《关于若干历史问题的决议》。这个历史决议使全党就建党以来的基本问题,在思想上、政治上、组织上、军事上达成了一致,实现了在马克思列宁主义思想一致的基础上,团结全党同志如同一个和睦的家庭一样,如同一块坚固的钢铁一样的任务。

第二个历史决议的制定主要是针对"文化大革命"结束以后党内存在的思想混乱问题。尤其是给刘少奇平反的决定传达下去以后,一部分人中间思想相当混乱。有的反对给刘少奇平反,认为这样做违反了毛泽东思想;有的则认为,既然给刘少奇平反,就说明毛泽东思想错了。在这一背景下,在起草制定第二个历史决议的过程中,邓小平多次提出明确要求。在决议起草小组的写作提纲形成后,邓小平指出,"我看了起草小组的提纲,感到铺得太宽了。要避免叙述性的写法,要写得集中一些"①,"总结过去是为了引导大家团结一致向前看"②。在决议草案形成以后,邓小平感到没有很好体现要确立毛泽东的历史地位,坚持和发展毛泽东思想的设想,并明确要求"要给人一个很清楚的印象,究竟我们高举毛泽东思想旗帜、坚持毛泽东思想,指的是些什么内容"③。在这些指示要求下,1980 年 9 月 10 日,起草小组写出了第二稿。采取主要讲正确方面的写法,大大加强了正确评价毛泽

---

① 《邓小平文选》第 2 卷,人民出版社 1994 年版,第 291 页。
② 《邓小平文选》第 2 卷,人民出版社 1994 年版,第 292 页。
③ 《邓小平文选》第 2 卷,人民出版社 1994 年版,第 297 页。

东、毛泽东思想的分量，起点有很大提高。第二稿印发各省、自治区、市负责人讨论再次修改后，10月作为第三稿提交党内4000名高级干部讨论。讨论从10月中旬到11月下旬，进行了一个多月。大家畅所欲言，出现了热烈的议论和争论，焦点集中在对毛泽东、毛泽东思想的评价上。大多数人认为，毛泽东功大于过。许多老同志以亲身经历说明毛泽东的历史功绩是无人可比的。尤其是黄克诚在讨论中跳出个人遭遇，专门就毛泽东的历史功绩写了一篇文章，真诚地阐述自己对毛泽东的高度评价，在讨论中产生了很大影响。1980年11月27日，黄克诚在《关于对毛主席评价和对毛泽东思想的态度问题》这篇文章中说，苏共二十大后，赫鲁晓夫的秘密报告被送到党中央，毛主席念了一首杜甫的诗："王杨卢骆当时体，轻薄为文哂未休。尔曹身与名俱灭，不废江河万古流。"这首诗今天仍值得我们借鉴，使我们注意不要以轻薄的态度来评论毛主席。经过这次讨论和历史决议讨论稿修改后，1981年6月22日下午，邓小平出席中共十一届六中全会预备会各小组召集人碰头会。他指出："总的来说，这个决议是个好决议，现在这个稿子是个好稿子。我们原来设想，这个决议要举毛泽东思想的伟大旗帜，实事求是地、恰如其分地评价'文化大革命'，评价毛泽东同志的功过是非，使这个决议起到像一九四五年那次历史决议所起的作用，就是总结经验，统一思想，团结一致向前看。我想，现在这个稿子能够实现这样的要求。"① 在此基础上，1981年6月27日，中共十一届六中全会一致通过了《关于建国以来党的若干历史问题的决议》。第二个历史决议通过对新中国成立以来的一些重大历史问题作出结论，纠正了"两个凡

---

① 《邓小平文选》第2卷，人民出版社1994年版，第307页。

是"的错误思想，科学地评价了毛泽东的功过是非和毛泽东思想的历史地位，使全党思想进一步统一到改革开放和社会主义现代化建设事业上来。

第三个历史决议的制定主要是针对党的十八大前后党内存在着不少对党中央重大决策部署执行不力，搞上有政策、下有对策，甚至口是心非、擅自行事等问题。第三个历史决议把党的十八大以来坚持党的全面领导的历史性成就写入其中。其目的就在于要教育引导全党，坚定不移向党中央看齐，自觉在思想上、政治上、行动上同党中央保持高度一致，确保全党上下拧成一股绳、心往一处想、劲往一处使。

（三）加强自身建设，推进自我革命

"自我革命"这一概念虽然是新时代才提出来的，但是勇于自我革命是中国共产党区别于其他政党的显著标志，贯穿党的百年奋斗历程。党的三个历史决议对加强党的自身建设、推进党的自我革命都起到了重要的促进作用。

党的第一个历史决议的制定，主要就是针对当时党内存在的各种非无产阶级思想而采取整风运动的方式予以破除。正如毛泽东在对第一个历史决议草案的说明中所指出的那样，两万五千共产党员发展到几十万，绝大多数是农民与小资产阶级，如果不整风，党就会变了性质，无产阶级其名，小资产阶级其实，延安就不得下地。只有经过整风，才能把无产阶级的领导挽救了。

党的第二个历史决议的制定，则主要是针对"文化大革命"的错误和解决党内存在的思想不纯、政治不纯、组织不纯、作风不纯等突出问题而采取坚持真理、修正错误的态度予以破除。第二个历史决议指出，忽视错误、掩盖错误是不允许的，这本身就是错误，而且将招致更多更大的错误。"坚持真理，修正错误"，这是党必须采取的，辩证唯物主义的根本立场。过去我们采取这个立场，曾使我们的事业转危为安、转败为胜。今后我们继续采取这个立场，必将引导我们取得更大的胜利。

党的第三个历史决议的制定，更是针对改革开放以后由于管党不力、治党不严而出现的问题。尤其是针对"七个有之"的问题予以破除。这"七个有之"的问题，严重影响了党的形象和威信，严重损害了党群、干群关系，引起了广大党员干部和群众的强烈不满和义愤。党的十八大以来，党以前所未有的勇气和定力，全面从严治党，打出了一套自我革命的"组合拳"，党在革命性锻造中变得更加坚强。

中国共产党通过这三个历史决议，将党内曾经存在的这些严重问题和党推进自我革命所取得的历史性成就写入其中。这本身也表明，中国共产党是从来不讳疾忌医的，而是积极开展批评和自我批评的，敢于直面问题，勇于自我革命。

（四）与世界展开沟通对话和宣示

党的三个历史决议都具有与世界进行沟通、对话和宣示的功能价值。中国共产党既是为中国人民谋幸福的政党，也是为人类谋进步的政党。最开始，中国共产党是在苏联和共产国际的帮助下成立的。但是，我们应该如何正确处理与苏联和共产国际之间的关系呢？尤其是在1943年共产国际宣布解散以后，如何向外界宣示中国共产党对中国革命的一般性与特殊性的认识就成为一个重要的问题。党制定并通过的第一个历史决议实际上就充当了一次对外的宣言。它表示中国共产党对中国革命的一般性和特殊性有了更加清晰的认识。

党制定并通过的第二个历史决议也是对当时国际上关切的回应。当时国际上非常关注我们对毛泽东和对"文化大革命"的评价问题。1981年5月19日下午，邓小平出席中共中央政治局扩大会议讨论第二个历史决议。他在讲话中指出，这个决议过去也有同志提出，是不是不急于搞？不行，都在等。国际上也在等。人们看中国，怀疑我们安定团结的局面，其中也包括这个文件拿得出来拿不出来，早拿出来晚拿出来。所以，不能再晚了，晚了不利。

党的第三个历史决议则诞生于更加复杂的国际环境之中。现在中国共产党已经成为名副其实的世界第一大党。我们坚持胸怀天下，为破解人类社会发展的难题进行了新的探索，也为人类文明发展的新形态提供了中国智慧和中国方案。但是，外部世界往往还是按照意识形态来划界，难以对此形成正确的认识。因此，党的第三个历史决议通过总结党的百年奋斗的世界历史意义的方式来向世界庄严宣告，中国共产党和中国人民的事业同时也是人类进步事业的重要组成部分！

二、党的三个历史决议的主要内容

从党的三个历史决议文本的框架结构来看，第一个历史决议总共分为七个部分，全文两万七千多字。从篇幅占比来看，第一个历史决议的重点内容在于回顾历次的错误路线及其具体表现并剖析其社会根源。第二个历史决议总共分为八个部分，全文总共三万三千多字。从篇幅占比来看，第二个历史决议的重点内容则在于对"文化大革命"的十年进行总结以及对毛泽东的历史地位和毛泽东思想进行评价。第三个历史决议,除序言和结束语之外,总共有七个部分,全文总共三万六千多字。从篇幅占比来看,第三个历史决议的重点内容则在于对开创中国特色社会主义新时代的总结。虽然党的三个历史决议内容各有侧重,但若从整体上把握党的三个历史决议的内容,大致上包括以下三个方面的共性内容。党的三个历史决议都坚持理论与实践相结合,做到史论结合,既对党领导人民进行革命、建设和改革的历史进程进行回顾,又对党领导人民进行革命、建设和改革的历史经验进行总结,还对党推进马克思主义中国化时代化的理论成果进行总结评价。

(一)对党领导人民进行革命、建设和改革的历史进程进行回顾

党的历史决议对党的奋斗历程进行回顾的目的在于更好把握历史规律。历史规律只有在历史过程中才能把握,正如毛泽东在《读苏联〈政治经济学教科书〉的谈话》中所言:"规律自身不能说明自身。规律存在于历史发展的过程中。应当从历史发展过程的分析中来发现和证明规律。不从历史发展过程的分析下手,规律是说不清楚的。"[①] 党的三个历史决议均对党的奋斗历程进行回顾总结,然而前两个历史决议只是对某个特定历史时期的奋斗历程回顾,而第三个历史决议是对建党 100 年的各个时期进行全面回顾,在每个具体时期的回顾中还注意与前两个历史决议既有结论的衔接,并吸收最新的研究成果。因此,我们可以主要以第三个历史决议的党史叙事来回顾三个历史决议对党的奋斗历程的回顾。第三个历史决议的党史叙事不同于前两个历史决议的党史叙

---

① 《毛泽东文集》第 8 卷,人民出版社 1999 年版,第 106 页。

事，它采用了"民族复兴"的叙事结构，概括了党的百年奋斗的主题——实现中华民族伟大复兴。这是习近平总书记大历史观在党史叙事上的具体运用。习近平总书记对中华民族和中华文明的特点有八个字的概括，即"源远流长""连绵不断"。也就是说，我们中国的历史可以追溯到五千年前或者更早，中国的文化是没有断流而传承下来的。然而，1840年鸦片战争以后，中国逐步成为半殖民地半封建社会，国家蒙辱、人民蒙难、文明蒙尘，中华民族遭受了前所未有的劫难。从那时起，实现中华民族伟大复兴就成为中国人民和中华民族最伟大的梦想。为了实现中华民族伟大复兴，中国共产党团结带领中国人民不懈奋斗。第三个历史决议紧紧围绕着实现中华民族伟大复兴这一主题，将百年党史划分为四个时期，并从实现中华民族伟大复兴进程中去定位这四个时期的历史意义。

新民主主义革命时期。这一时期党面临的主要任务是，反对帝国主义、封建主义、官僚资本主义，争取民族独立、人民解放，为实现中华民族伟大复兴创造根本社会条件。正如毛泽东后来在《论联合政府》的讲话中所说的那样："在一个半殖民地的、半封建的、分裂的中国里，要想发展工业，建设国防，福利人民，求得国家的富强，多少年来多少人做过这种梦，但是一概幻灭了。许多好心的教育家、科学家和学生们，他们埋头于自己的工作或学习，不问政治，自以为可以所学为国家服务，结果也化成了梦，一概幻灭了。"没有独立、自由、民主和统一，我们不可能建设真正大规模的工业。没有工业，我们便没有巩固的国防，便没有人民的福利，便没有国家的富强。

社会主义革命和建设时期。这一时期党面临的主要任务是，实现从新民主主义到社会主义的转变，进行社会主义革命，推进社会主义建设，为实现中华民族伟大复兴奠定根本政治前提和制度基础。值得注意的是，第二个历史决议和第三个历史决议在涉及这一历史时期的具体事件和具体历史发展阶段时，在具体的表述上是有一定差异的。比如，对于"抗美援朝"这一事件的表述，第二个历史决议只是简单地陈述进行伟大的抗美援朝、保家卫国战争这一事件。而第三个历史决议却用了比较大的篇幅阐述抗美援朝作为"新中国立国之战"的重大意义。第三个历史决议指出，中国人民志愿军雄赳赳、气昂昂，跨过鸭绿江，同朝鲜人民、和军队并肩战斗，战胜武装到牙齿的强敌，打出了国威军威，打出了中国人民的精气神，赢得抗美援朝战争的伟大胜利，捍卫了新中国的安全，彰显了新中国的大国地位。新中国在错综复杂的国内国际环境中站稳了脚跟。再比如，对"开始全面建设社会主义的十年"这一历史发展阶段的表述，第二个历史决议指出，我们虽然遭到过严重的挫折，但是仍然取得了很大的成就。我们现在赖以进行现代化建设的物质技术基础很大一部分是这个时期建设起来的。全国经济文化建设等方面的，骨干力量和他们的工作经验，大部分也是在这个时期培养和积累起来的。而第三个历史决议则不仅强调我们的物质技术基础，还强调党在社会主义革命和建设中取得的独创性理论成果，为在新的历史时期开创中国特色社会主义提供了理论准备。这反映的是党的第三个历史决议与第二个历史决议的既有结论相衔接的同时，也吸取了最新的研究成果和新的认识。

改革开放和社会主义现代化建设新时期。这一时期党面临的主要任务是，继续探索中国建设社会主义的正确道路，解放和发展社会生产力，使人民摆脱贫困、尽快富裕起来，为实现中华民族伟大复兴提供充满新的活力的体制保证和快速发展的物质条件。

早在改革开放初期,邓小平就指出,我们与发达国家经济上的差距,不只是十年了,可能是二十年、三十年,有的方面甚至可能是五十年。"我们要赶上时代,这是改革要达到的目的。"① 自改革开放以来,中国的 GDP 世界排名,由 1978 年的第十五位到 2012 年的第二位。中国的 GDP 占美国 GDP 的比重,也由 1978 年的 6.35% 增长到 2012 年的 70%。可以说,恰恰是在改革开放和社会主义现代化建设这一时期,我们实现了由"站起来"到"富起来"的伟大飞跃,摆脱了我们"被开除球籍"的危险,让中国大踏步地赶上了时代。

中国特色社会主义新时代。这一时期党面临的主要任务是,实现全面建成小康社会的第一个百年奋斗目标,开启全面建成社会主义现代化强国的第二个百年奋斗目标新征程,朝着实现中华民族伟大复兴的宏伟目标继续前进。这一时期,党领导人民创造的伟大成就,为实现中华民族伟大复兴提供了更为完善的制度保证、更为坚实的物质基础、更为主动的精神力量;中国共产党和中国人民以英勇顽强的奋斗,向世界庄严宣告,中华民族迎来了从站起来、富起来到强起来的伟大飞跃。

(二)对党领导人民进行革命、建设和改革的历史经验进行总结

党的三个历史决议都在对党的奋斗历程进行回顾的基础上,对党的历史经验进行总结概括。前两个历史决议更侧重于某一个具体历史时段的概括,而第三个历史决议则是立足于建党百年,从哲学的高度作出概括总结。

---

① 《邓小平文选》第 3 卷,人民出版社 1993 年版,第 242 页。

第一个历史决议对历史经验的总结。第一个历史决议对历史经验主要采取全会决议的结论方式进行总结。第一个历史决议指出，扩大的六届七中全会坚决相信：有了北伐战争、土地革命战争和抗日战争这样三次革命斗争的丰富经验的中国共产党，在以毛泽东同志为首的中央的正确领导之下，必将使中国革命达到彻底的胜利。

第二个历史决议对历史经验的总结。第二个历史决议对历史经验的总结主要分为两个方面。一方面，对新民主主义革命28年斗争胜利的经验进行总结。强调中国革命的胜利是在马克思列宁主义的指导之下取得的；中国共产党是无产阶级的先锋队，是全心全意为人民服务的不谋任何私利的政党，是敢于并善于领导人民百折不挠地向敌人作斗争的政党；中国革命的胜利，主要是依靠党所领导的人民军队，通过长期的人民战争、战胜强大敌人取得的；中国革命的胜利，从根本上说是通过中国共产党坚持独立自主、自力更生的原则取得的。另一方面，对新中国成立以后32年社会主义革命和建设的经验进行总结。强调"只有社会主义才能救中国。这是……建国三十二年来最基本的历史经验"[1]。"没有中国共产党就没有新中国，同样，没有中国共产党也就不会有现代化的社会主义中国。"[2] 我们还"确立了一条适合我国情况的社会主义现代化建设的正确道路"[3]。"党的团结，党同人民的团

---

[1] 《〈关于若干历史问题的决议〉和〈关于建国以来党的若干历史问题的决议〉》，中共党史出版社2010年版，第77页。

[2] 《〈关于若干历史问题的决议〉和〈关于建国以来党的若干历史问题的决议〉》，中共党史出版社2010年版，第78页。

[3] 《〈关于若干历史问题的决议〉和〈关于建国以来党的若干历史问题的决议〉》，中共党史出版社2010年版，第78页。

结，是进行社会主义现代化建设、夺取新的胜利的根本保证。"①

第三个历史决议对历史经验的总结。第三个历史决议立足建党百年，从哲学的高度总结了 100 年来党领导人民进行伟大奋斗积累的"十个坚持"的历史经验，即"坚持党的领导、坚持人民至上、坚持理论创新、坚持独立自主、坚持中国道路、坚持胸怀天下、坚持开拓创新、坚持敢于斗争、坚持统一战线、坚持自我革命"②。仔细比较分析就会发现，党的第三个历史决议中关于历史经验的总结，既体现了同党的历史文献既有论述和结论的衔接，又体现了党的十八大以来党中央关于党的历史的新认识。我们尤其要把这"十个坚持"同习近平总书记在庆祝中国共产党成立 100 周年大会上的讲话中提出的"九个必须"结合起来一体学习理解、一体贯彻落实。通过对比发现，"十个坚持"中的八个坚持，与"九个必须"中的"八个必须"，是存在着对应关系的。

（三）对党推进马克思主义中国化时代化的理论成果进行总结评价

党的三个历史决议均对马克思主义中国化历史性飞跃的理论成果作出了总结评价，尤其是第三个历史决议总结评价得最为全面和系统。前两个历史决议主要是对毛泽东思想的总结评价，而第三个历史决议在对毛泽东思想进行总结评价的同时，还重点对中国特色社会主义理论体系，尤其是对习近平新时代中国特色社

---

① 《〈关于若干历史问题的决议〉和〈关于建国以来党的若干历史问题的决议〉》，中共党史出版社 2010 年版，第 83 页。
② 《习近平谈治国理政》第 4 卷，外文出版社 2022 年版，第 27 页。

会主义思想进行了总结评价。

对毛泽东思想的总结评价。第一个历史决议采取破立结合的方式，在对党内"左"倾路线错误在政治上、军事上、组织上、思想上的表现及发展过程、主要内容、社会根源进行剖析批驳的同时，从正面论述毛泽东的正确主张，突显毛泽东思想主张的正确性。值得一提的是，党的第一个历史决议从思想和社会根源上深入剖析"左"倾路线错误，指出："一切政治上、军事上和组织上的错误，都是从思想上违背马克思列宁主义的辩证唯物论和历史唯物论而来，都是从主观主义和形式主义、教条主义和经验主义而来。"① 克服错误思想的正确态度应是深入开展马克思列宁主义教育，提高全党对于无产阶级思想和小资产阶级思想的鉴别能力，并在党内发扬民主，展开批评和自我批评，进行耐心说服和教育的工作，具体地分析错误的内容及其危害，说明错误之历史的和思想的根源及其改正的办法。克服错误思想的基本方针是"惩前毖后，治病救人"，"既要弄清思想又要团结同志"。② 在党的历史上，我们反对错误思想的斗争，以前往往太注重个人的责任，以为只要对犯错误的人给以简单的警告，问题就解决了，结果导致过去犯的错误以后还继续犯。正如毛泽东所说，错误不是少数人的问题，写几个名字很容易，但问题不在他们几个人。如果简单地处理几个人，不总结历史经验，就会像过去陈独秀犯了错误以后，党还继续犯错误一样。党的第二个历史决议则从历史

---

① 《〈关于若干历史问题的决议〉和〈关于建国以来党的若干历史问题的决议〉》，中共党史出版社2010年版，第29页。

② 《〈关于若干历史问题的决议〉和〈关于建国以来党的若干历史问题的决议〉》，中共党史出版社2010年版，第34页。

逻辑、理论逻辑和实践逻辑等方面对毛泽东思想进行了科学评价，强调"毛泽东思想被公认为党的指导思想，这是中华人民共和国建国以前二十八年历史发展的必然结果"①，社会主义革命和社会主义建设的巨大成就是"在马克思列宁主义、毛泽东思想指导下"取得的，并系统阐述了毛泽东思想的科学内涵、主要内容和历史地位。第二个历史决议指出："毛泽东思想是马克思列宁主义在中国的运用和发展，是被实践证明了的关于中国革命的正确的理论原则和经验总结，是中国共产党集体智慧的结晶。"② 毛泽东思想以其独创性的理论丰富和发展了马克思列宁主义。这主要包括新民主主义革命、社会主义革命和社会主义建设、革命军队的建设和军事战略、政策和策略、思想政治工作和文化工作以及党的建设等六个方面的理论。第二个历史决议还首次概括了毛泽东思想的活的灵魂，并指出这是贯穿于上述各个组成部分的立场、观点和方法。它们有三个基本方面，那就是实事求是、群众路线、独立自主。正是在此基础上，党的第二个历史决议明确指出，毛泽东思想是党的宝贵的精神财富，它将长期指导我们的行动。我们必须继续坚持毛泽东思想，认真学习和运用它的立场、观点和方法，来研究实践中出现的新情况，解决新问题。党的第二个历史决议在对毛泽东思想进行科学评价的同时，也对毛泽东的历史地位作出了科学评价。第二个历史决议指出，毛泽东的功绩是第一位的，错误是第二位的。他为中国共产党和中国人民解放军的

---

① 《〈关于若干历史问题的决议〉和〈关于建国以来党的若干历史问题的决议〉》，中共党史出版社2010年版，第44页。

② 《〈关于若干历史问题的决议〉和〈关于建国以来党的若干历史问题的决议〉》，中共党史出版社2010年版，第68页。

创立和发展，为中国各族人民解放事业的胜利，为中华人民共和国的缔造和我国社会主义事业的发展建立了永远不可磨灭的功勋。对于如何科学评价毛泽东这样一位在党史、新中国史、军史上的重要历史人物，我们共产党人一贯秉持历史唯物主义和辩证唯物主义的观点。在坚持这一根本观点的基础上，2013年12月26日，习近平总书记在纪念毛泽东同志诞辰120周年座谈会上的讲话中指出了科学评价历史人物的"六个不能"的评价标准，即不能离开对历史条件、历史过程的全面认识和对历史规律的科学把握，不能忽略历史必然性和历史偶然性的关系，不能把历史顺境中的成功简单归功于个人，不能把历史逆境中的挫折简单归咎于个人，不能用今天的时代条件、发展水平、认识水平去衡量和要求前人，不能苛求前人干出只有后人才能干出的业绩来。对于毛泽东同志晚年的错误，要坚持这"六个不能"的评价标准，才能得出科学正确的认知。习近平总书记在讲话中还指出，不能否认，毛泽东同志在社会主义建设道路的探索中走过弯路，他在晚年特别是在"文化大革命"中犯了严重错误。毛泽东同志晚年的错误有其主观因素和个人责任，还在于复杂的国内国际的社会历史原因，应该全面、历史、辩证地看待和分析。党的第三个历史决议继承与发展了前两个历史决议对毛泽东思想的总结评价。首先，党的第三个历史决议强调，毛泽东思想是马克思列宁主义在中国的创造性运用和发展。其次，党的第三个历史决议强调，毛泽东思想不仅是被实践证明了的关于中国革命的正确的理论原则和经验总结，而且是中国建设的正确理论原则和经验总结。再次，党的第三个历史决议还明确指出，毛泽东思想是马克思主义中国化的第一次历史性飞跃。这主要是因为毛泽东思想破解了马克思主义发展史上一个前所未有的难题！这就是在一个半殖民地半封建的经济科技文化十分落后的人口众多的东方大国，应该选择一条什么样的道路才能把中国革命引向胜利。而毛泽东同志本身就是马克思主义中国化的伟大开拓者。在1938年10月召开的六届六中全会上，毛泽东首次提出了"马克思主义的中国化"这一概念，并创造性地解决了马克思列宁主义基本原理同中国实际相结合的一系列重大问题。

对中国特色社会主义理论体系的总结评价。党的第三个历史决议指出，党从新的实践和时代特征出发坚持和发展马克思主义，科学回答了建设中国特色社会主义的发展道路、发展阶段、根本任务、发展动力、发展战略、政治保证、祖国统一、外交和国际战略、领导力量和依靠力量等一系列的基本问题，形成了中国特色社会主义理论体系，实现了马克思主义中国化新的飞跃。

对习近平新时代中国特色社会主义思想的总结评价。党的第三个历史决议概括了习近平新时代中国特色社会主义思想的来源、所回答的重大时代课题、创立的主体及其重大意义等内容。党的第三个历史决议强调，以习近平同志为主要代表的中国共产党人坚持"两个结合"，从新的实际出发创立了习近平新时代中国特色社会主义思想。习近平同志就新时代坚持和发展什么样的中国特色社会主义、怎样坚持和发展中国特色社会主义，建设什么样的社会主义现代化强国、怎样建设社会主义现代化强国，建设什么样的长期执政的马克思主义政党、怎样建设长期执政的马克思主义政党等重大时代课题，提出一系列原创性的治国理政新理念新思想新战略，是习近平新时代中国特色社会主义思想的主要创立者。习近平新时代中国特色社会主义思想是当代中国马克思主义、21世纪马克思主义，是中华文化和中国精神的时代精华，实现了马克思主义中国化新的飞跃。

这里值得注意的是，我们要如何理解马克思主义中国化的新飞跃呢？从党的创新理论与马克思主义既一脉相承又与时俱进的关系来看，"新飞跃"既不是完全的质变，也不是简单的量变，恰当的理解应为"部分的质变"。那么，如何判定一个思想理论是否实现了"新飞跃"呢？如果我们从马克思主义发展史上来看，一个思想理论实现新飞跃，至少要具备六个方面的条件。其中，历史方位的变化为新飞跃提供了现实必要性；实践基础的发展为新飞跃提供了客观可能性；创造主体的贡献为新飞跃提供了主观可能性；理论主题的确立为新飞跃提供了前提性条件；理论体系的建构为新飞跃提供了丰富的内涵；发展阶段的厘清为新飞跃提供了必然性说明。如果按照这个标准来看，第三个历史决议对新飞跃的前五个条件均作出了阐释。但是，由于习近平新时代中国特色社会主义思想尚处在发展的过程中，因而我们对其发展阶段的厘清还尚需时日。

当然，由于党的创新理论是实践的理论，对党的创新理论新飞跃的理解，也不能在象牙塔里面进行单纯僵化的理论抽象和逻辑论证，而要在理论与实践的结合互动中进行把握。正如习近平总书记在二十届中央政治局第六次集体学习时的讲话中所指出的，理论的飞跃不是体现在词句的标新立异上，也不是体现在逻辑的自洽自证上，归根到底要体现在回答实践问题、引领实践发展上。我们推进理论创新是实践基础上的理论创新，而不是坐在象牙塔内的空想，必须坚持在实践中发现真理、发展真理，用实践来实现真理、检验真理。

三、党的三个历史决议对增强历史主动的现实启示

党的三个历史决议对于新时代新征程我们增强历史主动的现实启示主要包括三个方面。其中，增强历史主动的前提和基础在于深刻洞察历史大势，抓住历史机遇，关键在于科学总结历史经验，汲取历史智慧，落脚点则在于坚决维护历史选择，勇于历史担当。

（一）深刻洞察历史大势，抓住历史机遇

习近平总书记曾引用孟子的话说，"虽有智慧，不如乘势"，我们要"深入研究历史发展规律和大势，始终掌握新时代新征程党和国家事业发展的历史主动"。① 历史发展是有规律的，但是我们人在其中也不是完全消极被动的。我们只有把握住历史发展规律和大势，抓住历史变革的时机，顺势而为、奋发有为，我们才能更好地前进。马克思、恩格斯早在170多年前就科学揭示了社会主义必然代替资本主义这一历史规律。这是人类社会发展不可逆转的总趋势。但是这需要经历一个很长的历史过程。在这个过程中，我们要立足现实，把握好每个阶段的历史大势，做好当下的事情。在100多年的奋斗中，中国共产党始终以马克思主义基本原理分析把握历史大势，正确处理中国和世界的关系，善于抓住和用好各种历史机遇。比如，俄国十月革命的胜利，社会主义

---

① 《习近平谈治国理政》第4卷，外文出版社2022年版，第511、19页。

的兴起，就是当时的世界大势。中国共产党从这个世界大势中产生，走在了时代前列。再比如，中华人民共和国的成立和巩固，也是顺应时代大潮的产物。那时，社会主义发展壮大，亚非拉民族解放运动风起云涌，出现了"东风压倒西风"的气象，新中国就是沐浴着这股东风诞生并站住了脚的。作出改革开放的重大决策也是基于党对时代潮流的深刻洞察。当时世界经济科技快速发展，我国发展同国际先进水平的差距明显拉大。党对世界大势作出了科学判断，下决心实现党和国家工作中心的转移，一往无前拉开了改革开放的历史大幕。

一方面，要在辨明历史方位中抓住历史契机，这就需要我们树立大历史观。党的十八大以来，习近平总书记多次强调要"树立大历史观"[1]。然而，很多同志对何为总书记所强调的大历史观一知半解，甚至还存在误解。从中文语境来看，有多种"大历史观"的表述和运用。必须对这些中文语境中的大历史观进行比较鉴别，才能清晰把握总书记讲的大历史观的本意。国际史学家有一种流派叫大历史（big history）流派。这种大历史观的提出，主要针对以往历史书写主要局限于人类中心主义，对于人类诞生之前的历史未有涉及。他们认为，如此不足以探求人类未来的命运走向。他们主张要重新书写历史，要回溯到130多亿年以前的宇宙大爆炸开始书写历史。在中文语境中还有一种广为流传的大历史观，即黄仁宇在《万历十五年》等一系列著作中提出的大历史（macro-history）。其实看其英文更能清晰认知这种所谓的大历史观。与其叫大历史，不如翻译成宏观史更为恰当。黄仁宇不认同马克思主义唯物史观和阶级分析方法，他主张透过小事件看大道

---

[1]《习近平谈治国理政》第4卷，外文出版社2022年版，第20页。

理，认为中国现代化转型的目标方向就是实现像西方资本主义国家一样能够进行"数目字管理"。对比发现，以上的大历史观与习近平总书记所强调的大历史观有很大不同。习近平总书记强调的大历史观（broad perspective），本质上是马克思主义唯物史观在新时代的拓展运用。他强调的"大"更多是要用全程、全域、全局的视角看待历史，遵循历史发展的连续性与阶段性、民族性与世界性以及前进性与曲折性的统一，在纵横交错的整体中把握历史事件，在时空交织的网络中探寻历史意义，把过去、现在与未来贯通，回看走过的路，比较别人的路，远眺前行的路。

另一方面，要在抓住和用好各种历史机遇中增强历史主动。首先，我们要始终保持寻求历史机遇的自觉意识，善于从国际国内互动中去寻求历史机遇。同时，还要以时不我待的紧迫意识抓住历史机遇，还要注意在防范各种风险挑战中维护历史机遇。就我们现在所面临的形势来看，严峻挑战中蕴藏着新的战略机遇。2022年7月26—27日，习近平总书记在省部级主要领导干部"学习习近平总书记重要讲话精神，迎接党的二十大"专题研讨班上的讲话中曾指出："当前，世界百年未有之大变局加速演进，世界之变、时代之变、历史之变的特征更加明显。我国发展面临新的战略机遇、新的战略任务、新的战略阶段、新的战略要求、新的战略环境，需要应对的风险和挑战、需要解决的矛盾和问题比以往更加错综复杂。"习近平总书记强调，我们一定要抓住新一轮科技革命和产业变革的机遇。而人工智能又是引领这一轮科技革命和产业变革的战略性技术，具有溢出带动性很强的"头雁"效应。加快发展新一代人工智能，是我们赢得全球科技竞争主动权的重要战略抓手，是推动我国科技跨越发展、产业优化升级、生产力整体跃升的重要战略资源。在明确了新的战略机遇所在的同时,还要注意以正确的战略策略应变局、育新机、开新局。这就需要处理好战略与策略的关系。要把战略的坚定性和策略的灵活性结合起来,站位要高,做事要实,既要把方向抓大事谋长远,又要抓准抓好工作的切入点和着力点,既要算大账总账,又要算小账细账。如果没有足够战略定力和策略活力,就容易出现患得患失、摇摆不定、进退失据的问题,就会错失发展机遇。

(二)科学总结历史经验,汲取历史智慧

2021 年 7 月 13 日,习近平在会见中国共产党成立 100 周年庆祝活动筹办工作有关方面代表时的讲话中指出:"要深入总结百年党史正反两方面经验,在历史智慧的学习运用中提升历史自觉、把握历史主动。"然而,历史的表象往往错综复杂,其中有些反映本质,有些则是历史的偶然或曲折,并不能必然导出规律性的认识。

所以,总结历史经验要掌握科学的方法论。在党的三个历史决议中就蕴含着党总结历史经验的科学方法论。其中,唯物史观是我们共产党人认识把握历史的根本方法。此外,还有"四个相结合"的基本方法,即坚持发展理论与指导实践相结合,坚持立足全局与关照局部相结合,坚持总结经验与吸取教训相结合,坚持反思历史与前瞻未来相结合。比如,党一贯坚持立足全局与关照局部相结合。我们总结党史要树立正确的党史观。党的三个历史决议对历史经验的总结正是坚持唯物史观和正确党史观,注重把握党的历史发展的主题主线、主流本质,正确认识和科学评价党史上的重大事件、重要会议、重要人物。再比如,党一贯坚持总结经验与吸取教训相结合。毛泽东讲,总结经验有两点:一是优点,一是缺点。邓小平也说,过去的成功是我们的财富,过去

的错误也是我们的财富。习近平总书记更是提出，历史的经验值得注意，历史的教训更应引以为戒。这一方法其实就是第二个历史决议里面所提到的"坚持真理，修正错误"的辩证唯物主义的根本立场。

在科学总结历史经验的基础上，我们还要注意把党的这些宝贵历史经验学好和用好，才能增强历史主动。我们要把党的历史经验，作为正确判断形势、科学预见未来、把握历史主动的重要思想武器；要把党的历史经验，作为想问题、作决策、办事情的重要遵循；要把党的历史经验，作为判断重大政治是非的重要依据；要把党的历史经验，作为加强党性修养的重要指引。

（三）坚决维护历史选择，勇于历史担当

增强历史主动，最终还是要落实到坚决维护历史的选择，勇于历史担当。回顾党的三个历史决议，拥护"两个确立"，就是维护历史的选择。第一个历史决议通过总结建党24年来的历史经验和历史教训，得出了"两个空前"的结论。第一个历史决议指出："全党已经空前一致地认识了毛泽东同志的路线的正确性，空前自觉地团结在毛泽东的旗帜下了。"① 第二个历史决议在总结新中国成立以前28年的历史，尤其是在对毛泽东历史地位和毛泽东思想作出正确评价后，得出了"两个公认"的历史结论。第二个历史决议指出："同中国共产党被公认为全国各族人民的领导核心一样，毛泽东同志被公认为中国共产党和中国各族人民的伟大领袖，在党和人民集体奋斗中产生的毛泽东思想被公认为党的

---

① 《〈关于若干历史问题的决议〉和〈关于建国以来党的若干历史问题的决议〉》，中共党史出版社2010年版，第36页。

指导思想，这是中华人民共和国建国以前二十八年历史发展的必然结果。"① 第三个历史决议则提出，党确立习近平同志党中央的核心、全党的核心地位，确立习近平新时代中国特色社会主义思想的指导地位，反映了全党全军全国各族人民共同心愿，对新时代党和国家事业发展、对推进中华民族伟大复兴历史进程具有决定性意义。从党的第一个历史决议的"两个空前"、第二个历史决议的"两个公认"再到第三个历史决议的"两个确立"，体现出党的领导核心、党的指导思想是关乎党和国家前途命运、党和人民事业成败的根本性问题。我们要建设世界上最强大的政党，就必须有坚强的领导核心和领袖人物，必须有先进理论的科学指导。

作为党员干部，特别是领导干部，要深刻领悟"两个确立"的决定性意义，自觉维护历史的选择，发扬历史主动精神，勇于担当，敢于斗争，做到在机遇面前主动出击、在困难面前迎难而上、在风险面前积极应对，砥砺前行，奋发有为。具体到我们广东的党员领导干部来讲，增强历史主动，关键是要发扬历史主动精神，再造一个新广东。2023 年 1 月 28 日，广东省委全省高质量发展大会上指出，我们正在书写历史。呈现什么样的未来，要看今天的行动。瞻望未来，我们的奔赴十分荣光。历史总在人们不经意之间，掀开波澜壮阔的新篇章。我们今天的出发，也许只是小小的一步，但天道酬勤、功不唐捐，跬步千里、持久必成。在全面建设社会主义现代化国家开局起步的关键时期，我们有幸肩负重任，理应当仁不让，必须继往开来、守正创新，努力开创

---

① 《〈关于若干历史问题的决议〉和〈关于建国以来党的若干历史问题的决议〉》，中共党史出版社 2010 年版，第 44 页。

广东高质量发展新局面，在中国式现代化这一人类文明史上最为雄壮的史诗中写上精彩一笔。作为广东的党员领导干部，以历史主动精神再造一个新广东，具体来说，首先就要自觉运用历史规律，擘画广东发展的战略布局，同时还要注重把握历史趋势，抓住广东发展的战略机遇。党的十九大以来，习近平总书记在视察广东的讲话中曾指出："若网在纲，有条不紊。"广东必须牢牢抓住粤港澳大湾区建设这一发展的战略机遇。此外，还要注意提炼历史基因、借鉴历史经验，增强广东发展的精神动力、提高广东干部的能力素养。最终，要树立历史意识，强化广东发展的历史责任，并依靠历史主体续写广东发展的历史新篇。

时刻保持解决大党独有难题的清醒和坚定

吴记峰

吴记峰，政治学博士，现为中共广东省委党校（广东行政学院）党的建设教研部副主任、副教授，主要研究领域为中共党史党建的教学和研究。近年来，在省委党校中青班、厅局班、县处班等主体班次主讲中共党史党建领域核心课程十余门，并获省委党校青年教师教学大赛一等奖、青年特优教学奖等荣誉。主持或参与国家社科基金课题6项、省部级课题5项，出版学术著作5部，发表学术论文30余篇，其中数篇为人大复印资料、《新华文摘》等转载。撰写基层党建与治理领域资政报告数十篇，其中20余篇获中央政治局常委在内的各级领导肯定性批示。

习近平总书记在党的二十大报告中指出："全面建设社会主义现代化国家、全面推进中华民族伟大复兴，关键在党。我们党作为世界上最大的马克思主义执政党，要始终赢得人民拥护、巩固长期执政地位，必须时刻保持解决大党独有难题的清醒和坚定。"① 在二十届中央纪委二次全会上，总书记进一步指出，"如何始终不忘初心、牢记使命，如何始终统一思想、统一意志、统一行动，如何始终具备强大的执政能力和领导水平，如何始终保持干事创业精神状态，如何始终能够及时发现和解决自身存在的问题，如何始终保持风清气正的政治生态"②，这些都是需要我们这个大党进一步研究解决的独有难题。解决这些难题，是实现新时代新征程党的使命任务必须迈过的一道坎，是全面从严治党适应新形势新要求必须啃下的硬骨头。

那么，大党独有难题从何而来？大党独有难题难在何处？大党独有难题如何破解？本章将从大党独有难题的形成原因、主要表现、破解之道三个方面跟大家做个交流和探讨。

一、大党独有难题的形成原因

习近平总书记曾指出："西方很多人习惯于把中国看作西方现代化理论视野中的近现代民族国家，没有从五千多年文明史的角度来看中国，这样就难以真正理解中国的过去、现在、未来。"③ 他还强调："我国今天的国家治理体系，是在我国历史传承、文化传统、经济社会发展的基础上长期发展、渐进改进、内

---

① 《中国共产党第二十次全国代表大会文件汇编》，人民出版社2022年版，第69页。

② 中共中央宣传部：《习近平新时代中国特色社会主义思想学习纲要》（2023年版），学习出版社、人民出版社2023年版，第118页。

③ 习近平：《把中国文明历史研究引向深入 增强历史自觉坚定文化自信》，《求是》2022年第14期。

生性演化的结果。"① 马克思也曾讲过，历史当然是人民创造的，但人民不可能随心所欲地创造历史，只能是在碰到的、既定的、从过去继承下来的条件下创造历史。

实际上，习近平总书记早在新进中央委员会的委员、候补委员和省部级主要领导干部学习贯彻习近平新时代中国特色社会主义思想和党的十九大精神研讨班上就提到过四个"独一无二"。习近平总书记说："中国形成了统一的多民族、拥有十三亿多人口而又精神上文化上高度团结统一的国家，这在世界上是独一无二的。中国连绵几千年发展至今的历史从未中断，形成了独具特色、博大精深的价值观念和文明体系，这在世界上是独一无二的。中国形成了适合我国实际、符合时代特点的中国特色社会主义并取得了巨大成功，这在世界上是独一无二的。中国形成了全心全意为人民服务、拥有八千九百多万名党员、紧密组织起来的中国共产党并在中国长期执政，这在世界上是独一无二的。"②

所以，习近平总书记所说的大党独有难题是特指中国共产党作为世界上最大的马克思主义执政党所面临的独有难题。今天我们就将"世界上最大的马克思主义政党"③ 这个词剖开来看，从马克思主义政党、马克思主义执政党、世界上最大的马克思主义执政党这三个层面跟大家一起探寻大党独有难题从何而来。

（一）马克思主义政党

马克思主义政党是不一样的政党。马克思主义政党不是因利

---

① 《习近平谈治国理政》，外文出版社2014年版，第105页。
② 《习近平著作选读》第2卷，人民出版社2023年版，第115页。
③ 本书编写组：《党的二十大精神专题十二讲》，人民出版社2023年版，第98页。

益而结成的政党，而是以共同理想信念组织起来的政党。那我们共同的理想信念是什么呢？就是马克思、恩格斯说的那个自由人的联合体，就是我们一代代共产党人追求的那个共产主义社会。但要实现这个远大理想，并不是一件容易的事情。马克思强调："无产阶级在反对有产阶级联合力量的斗争中，只有把自身组织成为与有产阶级建立的一切旧政党不同的、相对立的政党，才能作为一个阶级来行动。"① 恩格斯后来回忆道："要使无产阶级在决定关头强大到足以取得胜利，无产阶级必须（马克思和我从1847年以来就坚持这种立场）组成一个不同于其他所有政党并与它们对立的特殊政党，一个自觉的阶级政党。"②

当然，马克思、恩格斯当年更关注阶级，真正将马克思主义建党学说往前推进了一大步的是列宁同志。列宁进一步阐释，我们的党应该是一种什么样的党呢？列宁说："党应该具有严密的组织、统一的意志和行动，只有按照集中制原则建立起来的党才是一个'真正钢铁般的组织'。"③ 列宁还强调："无产阶级实现无条件的集中和极严格的纪律，是战胜资产阶级的基本条件之一。"④ 当然，对于马克思主义政党应该是什么样的政党，当时也是存在严重分歧的。在俄国社会民主工党第二次代表大会上，列宁和马尔托夫就产生了激烈的争论。"马尔托夫主张实行'自治制'，认为党员可以不参加党的组织，这实际上是想建立一个'党员俱乐部'。列宁则主张党员必须参加党的组织，并按照地方

---

① 《马克思恩格斯选集》第2卷，人民出版社1995年版，第611页。
② 《马克思恩格斯选集》第4卷，人民出版社1995年版，第685页。
③ 《习近平著作选读》第2卷，人民出版社2023年版，第108页。
④ 《列宁选集》第4卷，人民出版社1995年版，第135页。

服从中央、下级服从上级、少数服从多数的原则来建党。"① 这也就是我们说的，马克思主义政党是工人阶级中的先进分子组成的、最具组织性的无产阶级政党。

但就是这种最先进的政党，在其发展过程中依旧会出现变质、变色、变味的问题，我们经常提到的就是当年的苏共。习近平总书记曾指出："苏共拥有二十万党员时夺取了政权，拥有二百万党员时打败了希特勒，而拥有近二千万党员时却失去了政权。""在那场动荡中，竟无一人是男儿，没什么人出来抗争"，② 为什么？总书记给了我们答案，那就是理想信念荡然无存了，这个时候的苏共已然不是当年的苏共了，它早已经变质、变色、变味了。当然，戈尔巴乔夫的改革的确也加速了这样一个进程。苏联解体前，在所谓"公开性""民主化"的口号下，苏共放弃了民主集中制原则，允许党员公开发表与组织决议不同的意见，实行所谓各级党组织自治原则，一些苏共党员甚至领导层成员成了否定苏共历史、否定社会主义的急先锋，成了传播西方意识形态的大喇叭，苏共党内从思想混乱演变到组织混乱，一个连续执政 70 多年的大党就轰然倒塌了。

那中国共产党呢？习近平总书记说，中国共产党是一个不一样的政党，"十月革命的风吹进来了，但我们党最终也没有成为一个苏联式的党"③。"无论我们吸收了什么有益的东西，最后都要本土化。"④ 与此同时，无论怎么本土化，我们终究还是一个马

---

① 《习近平著作选读》第 2 卷，人民出版社 2023 年版，第 107–108 页。
② 《习近平著作选读》第 2 卷，人民出版社 2023 年版，第 106 页。
③ 《习近平著作选读》第 1 卷，人民出版社 2023 年版，第 190 页。
④ 《习近平著作选读》第 1 卷，人民出版社 2023 年版，第 190 页。

克思主义政党，马克思主义政党面临的问题我们同样也会遇到。回顾百年党史，为什么有的人走着走着就停了下来，为什么有的人走着走着就走到别的路上去了，我们也存在变质、变色、变味的风险。此外，李达对中共一大有这样一个回忆，"一九二一年二月，陈独秀起草了一个党章，寄到上海，李汉俊看到草案上主张党的组织采中央集权制，对陈独秀甚不满意，说他要党员拥护他个人独裁"①。当然，这里的"中央集权制""个人独裁"是李汉俊个人的认识和看法。"因此他也起草了一个党章，主张地方分权，中央只不过是一个有职无权的机关"②。不难看出，中国共产党在建党的过程中对于马克思主义政党应该是什么样的政党也是存在分歧的。

总结一下，"堡垒最容易从内部被攻破。从某种意义上说，自从党成立以来，我们党面临的最大风险是内部变质、变色、变味，丧失马克思主义政党的政治本色，背离党的宗旨而失去最广大人民支持和拥护。党的百年历史，也是我们党不断保持党的先进性和纯洁性，不断防范被瓦解、被腐化的危险的历史"③。那么，作为马克思主义政党，如何使党永葆先进性和纯洁性，如何使党员干部永葆初心和使命，如何使党组织永葆组织性和纪律性，这都是大党独有难题的重要根源。

---

① 《"一大"前后——中国共产党第一次代表大会前后资料选编》（二），人民出版社1980年版，第9页。

② 《"一大"前后——中国共产党第一次代表大会前后资料选编》（二），人民出版社1980年版，第9页。

③ 《习近平著作选读》第2卷，人民出版社2023年版，第423页。

（二）马克思主义执政党

马克思主义政党在社会主义国家执政，与资产阶级政党在资本主义国家执政有什么不同？党的执政是长期执政，到今天党已经执政 70 多年了。有人会说，世界范围内一些老党大党也是长期执政啊，美国的民主党和共和党前前后后的执政时间加起来，也很长啊。但我们的执政又是连续执政，美国民主党和共和党大选失败之后，可以回去积蓄力量，下次大选卷土重来，但我们没有这样的过程。又有人说，世界范围内一些老党大党也曾长期连续执政，但我们的执政又是全面执政，资产阶级政党所谓的执政，只要在大选中获得行政权就可以了，但我们不只是行政权的问题，我们是全面领导、全面执政。因此，马克思主义政党在社会主义国家执政，要比资产阶级政党在资本主义国家执政的难度大得多。

但纵观社会主义从诞生到现在的历史过程，对于怎样治理社会主义社会这样全新的社会形态，无论是理论上还是实践中都没有解决得很好。马克思、恩格斯没有经历全面治理一个社会主义国家的实践，巴黎公社当年的时间短、范围小，没有遇到后来社会主义国家所面临的大范围、全局性、长时间的矛盾和问题。列宁在十月革命后不久就逝世了，尽管他生前已经看到社会主义实践产生的问题超出预计，创造性地提出了一些政策举措，但没有来得及深入探索和实践。后来，苏联在这个问题上进行了探索，取得了一些成功经验，但也犯下了严重错误，没有解决好这个问题，最后的结局是国亡政息。

那我们呢？1949 年中国共产党开始在全国执政，但对于如何治理一个社会主义社会也不清楚，我们也只能边治边学，学还没有别的样本，只能学习苏联老大哥。当然，我们也不是完全照搬照抄，没有全走苏联之路，而是结合了中国的实际，这在党的第三个历史决议中说得非常清楚，毛泽东思想中关于社会主义建设方面的内容就是在这段时间形成的。后来，由于对国际国内形势的认识逐渐发生偏差，指导思想也发生偏差，进而发生了"文化大革命"这样全局性、长时间的严重错误。为什么我们在社会主义革命和建设时期会犯这么严重的错误？一方面，我们的社会主义现代化建设的确没有好的模板可以学习遵循；另一方面，也要看1949年我们开始治理的社会是一个什么样的社会，这是一个从半殖民地半封建社会直接脱胎而来的社会，这是一个有着两千多年封建帝王史的社会。秦汉至明清的两千多年历史，是朝代更替、治乱循环的历史，其中不变的主轴是"官民二元结构"。皇权和官僚体系的周期性腐败，必然产生"官逼民反"的运动，并由此导致朝代更替，这也便是黄炎培提出的历史周期率。

习近平总书记也曾带我们回顾过这段历史，他说，"从我国历史看，朝代存在时间长的有夏朝400多年、商朝约600年、西周约300年、东周500多年、西汉215年、东汉195年、唐朝290年、明朝277年、清朝268年，短的有秦朝15年、三国61年、北宋167年、南宋153年、元朝90年、民国38年，其他小朝代昙花一现、朝生暮死不计其数"[①]。秦、宋、元，都曾经是不可一世的强国，也是我国封建王朝时代的三个巅峰时期，但很快就日薄西山。就是那些时间存在比较长的朝代，"后期也都是朝政腐败、社会动荡、民怨沸腾、反抗不断，很多都是苟延残喘、奄奄

---

① 习近平：《坚持和发展中国特色社会主义要一以贯之》，《求是》2022年第18期。

一息了"①，为什么？

回顾封建王朝的兴衰更替史，不难看出：有些封建王朝开始时顺乎潮流、民心归附，尚能励精图治、以图中兴，遂致功业大成、天下太平，但都未能摆脱盛极而衰的历史悲剧。导致悲剧的原因很多，其中一个共同的也是极其重要的原因就是统治集团解决不了自己的问题。总书记还说道："功成名就时做到居安思危、保持创业初期那种励精图治的精神状态不容易，执掌政权后做到节俭内敛、敬终如始不容易，承平时期严以治吏、防腐戒奢不容易，重大变革关头顺乎潮流、顺应民心不容易。"② 总书记还说道："中国共产党立志于中华民族千秋伟业，百年恰是风华正茂！"③

那只有总书记看到了这些问题吗？也不是的，毛泽东他们当年在新中国成立前夜的甲申对、窑洞对、赶考对，不都是在讲这个问题吗？就是毛泽东说的，我们决不当李自成，我们都希望考个好成绩。所以，毛泽东在进京赶考前提了"两个务必"，即"务必使同志们继续地保持谦虚、谨慎、不骄、不躁的作风，务必使同志们继续地保持艰苦奋斗的作风"④。当然，毛泽东他们当年对这个问题认识得深刻，也是因为他们面前有一个鲜活的、典型的反面案例，那就是当年的国民党。

习近平总书记在孙中山先生诞辰150周年大会上的讲话中回

---

① 习近平：《坚持和发展中国特色社会主义要一以贯之》，《求是》2022年第18期。

② 《习近平谈治国理政》第3卷，外文出版社2020年版，第71页。

③ 《习近平著作选读》第2卷，人民出版社2023年版，第489页。

④ 《毛泽东选集》第4卷，人民出版社1991年版，第1438—1439页。

顾说，"孙中山先生同中国共产党人真诚合作，在中国共产党帮助下，把旧三民主义发展为新三民主义，实行联俄、联共、扶助农工三大政策，改组中国国民党"①。但就是这样一个朝气蓬勃的革命党，为什么很快就日薄西山了呢？

我们来看蒋介石1948年的一次演讲，蒋介石自己说："老实说，在古今中外任何革命党都没有像我们今天这样颓唐腐败；也没有像我们今天这样的没有精神，没有纪律，更没有是非标准，这样的党早就应该被消灭、被淘汰了。"② 美国著名政治学者费正清说，1928年中国的希望似乎在国民党一边，为什么20年后形势颠倒了呢？他的回答是："国民党的领导变得陈腐了"，"因而失掉民心"。③ 从更深层次看，其中最为关键的还是习近平总书记一次次强调的，中国共产党是马克思主义执政党，但就一场伟大的社会革命而言，我们依然是马克思主义革命党。我们要保持过去革命战争时期的那股劲、那股革命热情、那种拼命精神，把革命工作做到底。

总结一下，马克思主义政党夺取政权不容易，我们28年的新民主主义革命不是跳着华尔兹过来的，我们是付出了血和火的代价的。但马克思主义政党巩固政权更不容易。所以说，作为马克思主义执政党，如何在长期执政条件下保持革命党本色，如何在辉煌成就面前避免盛极而衰的悲剧，如何继续以党的自我革命引领伟大的社会革命，这些都是大党独有难题的重要根源。

---

① 习近平：《在纪念孙中山先生诞辰150周年大会上的讲话》，人民出版社2016年版，第3页。

② 周敬青：《中国共产党独特而强大的组织优势》，《红旗文稿》2019年第21期。

③ 习近平：《摆脱贫困》，福建人民出版社1992年版，第11页。

（三）世界上最大的马克思主义执政党

世界上最大的马克思主义执政党，与马克思主义执政党的区别就在于"大"，在于"最大"。那什么叫做大呢？党员人数多、党组织规模大就叫大吗？如果说党员人数多、党组织规模大就叫大，我们的党员人数早在20世纪60年代就超越了苏共，但那个时候有谁会认为中国共产党是世界上最大的马克思主义政党呢？可见，"大"还不仅仅是人数多、规模大、能力强的问题。习近平总书记说："大就要有大的样子。中国共产党所做的一切，就是为中国人民谋幸福、为中华民族谋复兴、为人类谋和平与发展。"①如果说大就是人数多、规模大、力量强，我们今天在很多方面可能依然无法跟当年的苏共比。总书记曾说过，"曾几何时，苏共何其强大，苏联何其强大，现在早已是'故国不堪回首月明中'了"②。

现在我们回顾过去那段历史，会很感慨的。1991年9月6日，波罗的海三国宣布独立。现在波罗的海三国在干什么，不早就加入北约的怀抱了吗？12月8日，俄罗斯、白俄罗斯、乌克兰三国领导人签署《独立国家联合体协议》。12月25日，戈尔巴乔夫宣布辞去苏联总统职务。12月26日，苏联正式解体。我认为，就是从这个12月26日开始，我们成了世界上最大的马克思主义执政党。苏联老大哥倒下去了，世界范围内没有任何一个共产党能站在我们前面了。

---

① 《习近平谈治国理政》第3卷，外文出版社2020年版，第436页。

② 中共中央宣传部：《习近平新时代中国特色社会主义思想学习问答》，学习出版社、人民出版社2021年版，第77页。

但我们对苏共、对苏联的反思不是从这个时候才开始的。邓小平在1978年3月的国务院第一次全体会议上讲,"什么叫社会主义,社会主义总是要表现它的优越性嘛。它比资本主义好在哪里?每个人平均六百几十斤粮食,好多人饭都不够吃,二十八年只搞了二千三百万吨钢,能叫社会主义优越性吗?"① 邓小平最后总结说,"我们过去照搬苏联搞社会主义的模式,带来很多问题。我们很早就发现了,但没有解决好。我们现在要解决好这个问题,我们要建设的是具有中国自己特色的社会主义"②。那么什么是中国自己特色的社会主义呢?那就是要在经济上赶上发达的资本主义国家,在政治上创造比资本主义国家的民主更高更切实的民主,并且造就比这些国家更多更优秀的人才。一句话,既然社会主义相对资本主义具有优越性,我们各个方面都要做得比人家更好一些,发展得要比人家更快一点。

正是在这样一个背景下,我们逐步走出了一条中国特色社会主义道路,并且沿着这条道路走进了新时代。新时代,党领导人民不仅创造了世所罕见的经济快速发展和社会长期稳定两大奇迹,而且成功走出了中国式现代化新道路,创造了人类文明新形态。习近平总书记指出,我们用事实宣告了"历史终结论"的破产,宣告了各国最终都要以西方制度模式为归宿的单线式历史观的破产。中国式现代化,打破了"现代化=西方化"的迷思,展现了现代化的另一幅图景,拓展了发展中国家走向现代化的路径选择,为人类对更好社会制度的探索提供了中国方案。

---

① 《邓小平思想年编》(1975—1997),中央文献出版社2011年版,第108页。

② 《邓小平文选》第3卷,人民出版社1993年版,第261页。

我们找到了一条新路，我们提供了中国方案，这对于广大发展中国家而言，大家肯定是普遍欢迎的，毕竟又多了一种选择。但不是每一个国家、每一个政党都欢迎你找了一条新路的。国内外各种敌对势力，总是企图让我们改旗易帜、改名换姓，其要害就是企图让我们丢掉马克思主义的信仰，丢掉对社会主义、共产主义的信念。所以，习近平总书记说："我一直在思考一个问题，这就是：我们中国共产党人能不能打仗，新中国的成立已经说明了；我们中国共产党人能不能搞建设搞发展，改革开放的推进也已经说明了；但是，我们中国共产党人能不能在日益复杂的国际国内环境下坚持住党的领导、坚持和发展中国特色社会主义，这个还需要我们一代一代共产党人继续作出回答。"①

总结一下，历史和现实都告诉我们，一场社会革命要取得最终胜利，往往需要一个漫长的历史过程。在这个漫长历史进程中，确保中国共产党不垮、中国社会主义制度不倒，是一个极难极大的风险挑战。作为世界上最大的马克思主义执政党，如何坚持和加强党的全面领导，如何完善和发展中国特色社会主义制度，如何为解决人类面临的共同问题提供更好的中国方案？这都是大党独有难题的重要根源。

二、大党独有难题的主要表现

习近平总书记指出，"把这么大的一个党管好很不容易，把

---

① 《习近平关于社会主义政治建设论述摘编》，中央文献出版社2017年版，第25页。

这么大的一个党建设成为坚强的马克思主义执政党更不容易"[1]。我们说我们的党大，大是跟谁比呢？当今世界，大大小小的政党有1万个左右。然而，具有组织稳定性、至今能够存续百年的政党只有60多个。目前世界上的共产党有130多个。然而，具有组织稳定性、至今能够长期连续执政的只有5个。在数百年世界政党兴衰中，也曾有一些老党、大党实现过长期连续执政，比如墨西哥革命制度党、印度国大党、日本自民党、苏联共产党等。但这些大党老党在经历较长时间的连续执政以后，都遭遇了史无前例的执政危机与执政失败。

　　是什么原因导致了这些长期执政的大党的衰败乃至衰亡？总结起来，有以下几条：一是长期执政的大党，如果经济建设搞不好、执政绩效长期不佳，就容易导致执政失败。人民天天跟着你过苦日子，吃不饱饭，那他们就会用"手"或"脚"来投票，墨西哥革命制度党、印度国大党就是这方面的问题。二是如果经济发展上去了，但利益集团现象与两极分化严重，权力腐败与政治腐败严重，也会导致执政失败，日本自民党便是如此。三是如果出了这样那样的问题，但能及时改过来，那也还好。就像习近平总书记说的，中国共产党的伟大之处，不在于我们不犯错误，而在于从不讳疾忌医，敢于直面问题，勇于自我革命，具有极强的自我修复能力。但如果政党官僚化，体制机制僵化，则无法有效实现政党"自我革新"，同样会导致执政失败，苏联共产党在这方面的教训惨痛。此外，一个再强大的政党，如果党内派系林立，无法有效实现党内团结统一，则在关键时期必将分崩离析。这是我们从世界范围内一些长期连续执政的老党、大党最终执政失败

---

[1]《习近平著作选读》第2卷，人民出版社2023年版，第105—106页。

中总结的一般性规律、普遍性问题。中国共产党的特殊性也是寓于一般性之中的。

在党的二十届中央纪委二次全会上，习近平总书记点出了六个方面的大党独有难题。不难看出，这六大难题跟世界范围内一些老党大党长期连续执政后出现的普遍性问题是内在共通的，只不过有些问题在我们这里表现得更为突出，有些问题是我们独有的。但不管怎么说，大党因"大"而"难"，我们所有的"难"都是跟"大"紧密相连的。比如说，理想追求远大，如何始终不忘初心、牢记使命；组织规模庞大，如何始终统一思想、统一意志、统一行动；时代任务宏大，如何始终具备强大的执政能力和领导水平；历史成就重大，如何始终保持干事创业的精神状态；风险挑战广大，如何始终能够及时发现和解决自身面临的问题；世界影响巨大，如何始终保持风清气正的政治生态。

（一）理想追求远大，如何始终不忘初心、牢记使命

习近平总书记说："一个人也好，一个政党也好，最难得的就是历经沧桑而初心不改、饱经风霜而本色依旧。"① 总书记在党的十九大报告中也指出："中国共产党一经成立，就把实现共产主义作为党的最高理想和最终目标，义无反顾肩负起实现中华民族伟大复兴的历史使命。"② 但无论是中华民族伟大复兴，还是共产主义这个远大理想，都不是那么容易就能实现的，需要一个漫长的历史过程。在这个漫长的历史过程中，有的人走着走着就忘

---

① 《习近平谈治国理政》第 3 卷，外文出版社 2020 年版，第 538 页。
② 《习近平谈治国理政》第 3 卷，外文出版社 2020 年版，第 11 页。

记了为什么出发，忘记了共产主义远大理想和中国特色社会主义共同理想，忘记了我是谁、为了谁、依靠谁，从而丧失了共产党人的本色。所以总书记一再强调不忘初心、牢记使命，我们也曾专门开展"不忘初心、牢记使命"主题教育，这次党的二十大报告中总书记开篇就提"三个务必"，"三个务必"中第一个"务必"就是"务必不忘初心、牢记使命"①。如何始终不忘初心、牢记使命，的确是大党独有难题之一。

（二）组织规模庞大，如何始终统一思想、统一意志、统一行动

旗帜鲜明讲政治、保证党的团结和集中统一是党的生命，也是党能成为百年大党创造世纪伟业的关键所在。实践证明，只要全党团结成"一块坚硬的钢铁"，就能够把全国各族人民团结起来，形成万众一心、无坚不摧的磅礴力量，战胜一切强大敌人、一切艰难险阻。习近平总书记在党的二十大后带着新一届中央政治局常委们回到延安，在参观中共七大会址时，总书记指出，"党的七大在党的历史上具有重要里程碑意义，标志着我们党在政治上思想上组织上走向了成熟"②，也就是在政治上思想上组织上实现了团结统一。总书记讲的政治上思想上组织上实现团结统一实际上是没有那么容易的，首先是政治上的团结统一难。在《关于新形势下党内政治生活的若干准则》中还有这样一段表述：

---

① 《中国共产党第二十次全国代表大会文件汇编》，人民出版社2022年版，第2页。

② 习近平：《继承和发扬党的优良革命传统和作风 弘扬延安精神》，《求是》2022年第24期。

"一个时期以来，党内政治生活中也出现了一些突出问题……特别是高级干部中极少数人政治野心膨胀、权欲熏心，搞阳奉阴违、结党营私、团团伙伙、拉帮结派、谋取权位等政治阴谋活动。"①其次是思想上的团结统一难。团结统一是党的生命，是党的力量所在。思想上的统一是党的团结统一最深厚最持久最可靠的保证。但在当下这样一个现代化转型期，思想上统一同样不易。社会转型期的中国是一个千差万别、千变万化的中国。一方面是千差万别，各地区、各群体发展不平衡，不同社会阶层对美好生活的向往是不一样的，不同社会阶层对美好生活的向往之间存在着巨大的内在张力；另一方面是千变万化，现代化的过程就是人不断解放的过程，是人的权利意识不断提升、个性不断张扬的过程。最后是组织上的团结统一难，中国共产党是按照马克思主义建党原则建立起来的，中央和国家机关是贯彻落实党中央决策部署的"最初一公里"，不能出现"拦路虎"。地方党委是贯彻落实党中央决策部署的"中间段"，不能出现"中梗阻"。基层党组织是贯彻落实党中央决策部署的"最后一公里"，不能出现"断头路"。所以，对于我们这么大的一个党而言，如何始终统一思想、统一意志、统一行动，是大党独有难题之一。

（三）时代任务宏大，如何始终具备强大的执政能力和领导水平

习近平总书记说，"我们是一个大党，领导的是一个大国，

---

① 《关于新形势下党内政治生活的若干准则》，人民出版社2016年版，第2-3页。

进行的是伟大的事业"①，"党和国家事业的复杂性和艰巨性世所罕见"②，"当今世界正经历百年未有之大变局，我国正处于实现中华民族伟大复兴的关键时期，我们党正带领人民进行具有许多新的历史特点的伟大斗争，形势环境变化之快，改革发展稳定任务之重，矛盾风险挑战之多，对我们党治国理政考验之大前所未有"③。可以说，我们今天所面临的执政挑战要比新中国成立之初、改革开放之初大得多。毛泽东当年就说过，"坐在指挥台上，如果什么也看不见，就不能叫领导。坐在指挥台上，只看见地平线上已经出现的大量的普遍的东西，那是平平常常的，也不能算领导。只有当着还没有出现大量的明显的东西的时候，当桅杆顶刚刚露出的时候，就能看出这是要发展成为大量的普遍的东西，并能掌握住它，这才叫领导"④。然而，与国内外形势发展变化相比，与党所承担的历史任务相比，党的领导水平和执政能力，党组织建设状况和党员干部素质、能力、作风都还有不小的差距。百年大党长期执政，思维惯性、行为惰性客观存在，一些老观念、老套路、老办法容易相沿成习。如何继续把中国特色社会主义制度的优越性转化为国家治理体系和治理能力现代化的效能，使党始终具备强大的执政能力和领导水平，是大党独有难题之一。

---

① 《习近平谈治国理政》第4卷，外文出版社2022年版，第31页。

② 习近平：《论坚持党对一切工作的领导》，中央文献出版社2019年版，第116页。

③ 张智：《新时代爱国主义教育十五讲》，人民出版社2021年版，第36页。

④ 《毛泽东文集》第3卷，人民出版社1996年版，第394—395页。

（四）历史成就重大，如何始终保持干事创业的精神状态

习近平总书记2021年在"七一"重要讲话中指出，"一百年来，中国共产党团结带领中国人民，以'为有牺牲多壮志，敢教日月换新天'的大无畏气概，书写了中华民族几千年历史上最恢宏的史诗"①。我们取得的成就举世瞩目，这值得我们自豪，但我们很容易飘飘然，很容易没有那么谦虚谨慎了。党员干部中有些人觉得现在已经可以好好喘口气、歇歇脚，做做安稳官、太平官了；有的觉得"船到码头车到站"，不思进取、庸政懒政混日子。习近平总书记在党的二十大报告中开篇就提"三个务必"，在强调务必不忘初心、牢记使命的同时，号召我们全党务必谦虚谨慎、艰苦奋斗，务必敢于斗争、善于斗争。由此，如何始终保持艰苦奋斗、奋发有为的精气神，敢于斗争、善于斗争，敢于担当作为，全力战胜前进路上的困难和挑战，依靠顽强斗争打开事业发展新天地，这是大党必然面临的独有难题之一。

（五）风险挑战广大，如何始终能够及时发现和解决自身面临的问题

现代化研究大师亨廷顿在《变化社会中的政治秩序》一书中曾指出，"现代性孕育着稳定，而现代化过程却滋生着动乱"②。也就是说，现代化的过程就是一个各种矛盾比较突出的过程，就

---

① 《习近平谈治国理政》第4卷，外文出版社2022年版，第6—7页。
② ［美］塞缪尔·P. 亨廷顿著，王冠华等译，沈宗美校：《变化社会中的政治秩序》，上海人民出版社2008年版，第31页。

是容易遇到各种风险挑战的过程。习近平总书记在党的二十大报告中也强调,"全面建设社会主义现代化国家,是一项伟大而艰巨的事业,前途光明,任重道远"①。我们必须增强忧患意识,坚持底线思维,做到居安思危、未雨绸缪,准备经受风高浪急甚至惊涛骇浪的重大考验。但同时,我们这么大一个党,有着光荣的历史、伟大的成就,一些人很容易在执政业绩光环的照耀下,出现忽略自身不足、忽视自身问题的现象,陷入"革别人命容易,革自己命难"的境地。更为重要的是,我们对很多问题看不深、看不清甚至是看不见,很多问题习以为常、不以为意。生于忧患,死于安乐。没有危机感和紧迫感,看不到问题和症结所在,那危险就不远了。如何增强忧患意识,做到居安思危,始终能够及时发现和解决自身遇到的问题,是我们治党治国必须坚持的重大原则,这也是我们大党的独有难题之一。

(六)世界影响巨大,如何始终保持风清气正的政治生态

习近平总书记2021年在"七一"重要讲话中指出,"中国共产党始终代表最广大人民根本利益,与人民休戚与共、生死相依,没有任何自己特殊的利益,从来不代表任何利益集团、任何权势团体、任何特权阶层的利益。任何想把中国共产党同中国人民分割开来、对立起来的企图,都是绝不会得逞的!"②。这些年来,世界范围内总有一些人想把中国共产党和中国人民分割开来、对立起来,但总书记说分不开,因为我们除了人民的利益之外没有

---

① 《中国共产党第二十次全国代表大会文件汇编》,人民出版社2022年版,第66页。

② 《习近平谈治国理政》第4卷,外文出版社2022年版,第9页。

自己的利益，我们和人民的利益是统一的。从我们这个党的角度讲，是这样的。但我们又不得不面对的是，党内总有一些人有超乎个人正当利益更多的利益诉求。党的二十大期间，中央纪委国家监委的同志先后参加了两次新闻发布会，公布了党的十八大以来全面从严治党打了引号的"成绩单"。党的十八大以来，截至2021年4月底，全国纪检监察机关共立案审查调查438.8万件、470.9万人，立案审查调查中管干部553人，处分厅局级干部2.5万多人、县处级干部18.2万多人。"物必先腐，而后虫生。"① 总书记指出，"近年来，一些国家因长期积累的矛盾导致民怨载道、社会动荡、政权垮台，其中贪污腐败就是一个很重要的原因。大量事实告诉我们，腐败问题越演越烈，最终必然会亡党亡国！"② 因为人民群众最痛恨腐败现象，腐败问题对党的执政基础破坏力最大、杀伤力也最大，是最容易颠覆政权的问题，是党面临的最大威胁。"不私，而天下自公。"中国共产党没有任何自己特殊的利益，这是党敢于自我革命的勇气之源、底气所在。

三、大党独有难题的破解之道

前文讲我们这个大党这也难、那也难，那难道就没有办法了吗？只能像当年的苏共一样沿着一条道开到悬崖边吗？不是的，

---

① 参见苏轼《论项羽范增》。原文是："物必先腐也，而后虫生之；人必先疑也，而后谗入之。"苏轼（1036—1101），即苏东坡，眉州眉山（今属四川）人。北宋文学家、书画家。

② 《习近平谈治国理政》第1卷，外文出版社2018年版，第16页。

习近平总书记说得非常清楚，大党独有难题破在"治"，以"治"破"难"。

习近平总书记在 2015 年全国组织工作会议上指出，"党的十八大之前，面对一个时期以来党内存在的突出问题，全党是忧心忡忡的，我是忧心忡忡的"①。在座的各位都是从党的十八大之前走过来的，我们对党的十八大之前一段时间内党内存在的问题也都有切身的体会。那么，具体该怎样解决大党独有难题呢？我们在看到大党面临治党治国特殊难题的同时，千万不能忘记大还有大的优势，有办大事、建伟业的巨大优势。我们能否用大党独特优势破解大党独有难题呢？我们今天就沿着这个思路从以下三个方面做个探讨：以大党独有理论清醒深化破解大党独有难题的认识，以大党独有政治坚定拓展破解大党独有难题的路径，以大党独有行动自觉扛起破解大党独有难题的责任。

（一）以大党独有理论清醒深化破解大党独有难题的认识

理论上清醒，政治上才能坚定。拥有马克思主义科学理论指导是党坚定信仰信念、把握历史主动的根本所在。习近平总书记在党的二十大报告中指出，"实践告诉我们，中国共产党为什么能，中国特色社会主义为什么好，归根到底是马克思主义行，是中国化时代化的马克思主义行"②。党的十八大以来，习近平总书

---

① 《十九大以来重要文献选编》（上），中央文献出版社 2019 年版，第 554 页。

② 《中国共产党第二十次全国代表大会文件汇编》，人民出版社 2022 年版，第 64 页。

记带着我们"勇于进行理论探索和创新,以全新的视野深化对共产党执政规律、社会主义建设规律、人类社会发展规律的认识,取得重大理论创新成果,集中体现为习近平新时代中国特色社会主义思想"①。其中,习近平新时代中国特色社会主义思想聚焦的三大基本问题之一便是建设什么样的长期执政的马克思主义政党、怎么建设长期执政的马克思主义政党。

党的十八大以来,我们继承和发展马克思主义建党学说,总结运用党的百年奋斗历史经验,深入推进管党治党实践创新、理论创新、制度创新,对这个问题的规律性认识达到新的高度。特别是习近平总书记围绕这个重大时代课题,突出全面从严治党这个主题主线,提出一系列管党治党、兴党强党的新理念新思想新战略,形成习近平总书记关于党的建设的重要思想。习近平总书记关于党的建设的重要思想,博大精深、内涵丰富,以一系列原创性成果极大丰富和发展了马克思主义建党学说,标志着党对马克思主义执政党建设规律的认识达到了新高度,为深入推进新时代党的建设新的伟大工程提供了根本遵循。

一是要深入学习党的创新理论。学习党的创新理论,要运用科学的学习方法。总书记强调,要学习好党的最新创新理论,就"要理解把握其世界观和方法论,坚持好、运用好贯穿其中的立场观点方法。也就是'六个必须坚持'"②,从而深入领会党的创新理论的道理学理哲理,做到知其言更知其义、知其然

---

① 《中国共产党第二十次全国代表大会文件汇编》,人民出版社 2022 年版,第 64 页。

② 《二十大党章学习手册》编写组编著:《二十大党章学习手册》,人民出版社 2022 年版,第 62 页。

更知其所以然。学习党的创新理论，既要全面系统学、深入思考学、联系实际学，更要将总书记对各领域提出的新理念、新思想、新战略，对各方面工作提出的具体要求，都放在整个科学体系中来认识和把握，避免碎片化、片面性，不能只见树木、不见森林。学习党的创新理论，要抓住重大理论和实践问题。如改革开放以后，我们曾探讨党政分开问题，而当前又推进党和国家机构改革，为什么？总书记说，"在这个问题上，当时我们的理论认识和实践经验都不够，对如何解决好我们面临的国家治理体系和治理能力问题是探索性的"①。总书记进一步指出，"处理好党政关系，首先要坚持党的领导，在这个大前提下才是各有分工，而且无论怎么分工，出发点和落脚点都是坚持和完善党的领导。中国共产党是执政党，党的领导地位和执政地位是紧密联系在一起的。党的集中统一领导权力是不可分割的。不能简单讲党政分开或党政合一，而是要适应不同领域特点和基础条件，不断改进和完善党的领导方式和执政方式"②。学习党的创新理论，要聚焦破解大党独有难题。如总书记曾指出，党的领导，体现在党的科学理论和正确路线方针政策上，体现在党的执政能力和执政水平上，同时也体现在党的严密组织体系和强大组织能力上。总书记还指出，"如果不严明党的纪律，党的凝聚力和战斗力就会大大削弱，党的领导能力和执政能力就会大大削弱"③。从中可以看出，总书记提出的大党独有难题六个方面的

---

① 《习近平谈治国理政》第 3 卷，外文出版社 2020 年版，第 167 页。
② 《习近平谈治国理政》第 3 卷，外文出版社 2020 年版，第 168 页。
③ 习近平：《论坚持党对一切工作的领导》，中央文献出版社 2019 年版，第 16 页。

表现实际上也是一个相互联系、相互依存的整体，理解大党独有难题要有系统性思维，破解大党独有难题要有体系性举措。

二是继续推进党的理论创新。习近平总书记指出，"实践没有止境，理论创新也没有止境。不断谱写马克思主义中国化时代化新篇章，是当代中国共产党人的庄严历史责任"①。习近平新时代中国特色社会主义思想也是继续发展着的，我们要在实践创新的基础上推动理论创新，为习近平新时代中国特色社会主义思想的发展作出更大贡献。继续推进党的理论创新，同样需要运用"两个结合""六个必须坚持"等推进党的理论创新的科学方法，进一步推动党对党的建设规律、共产党执政规律的认识提高到新的高度，进一步丰富马克思主义建党学说，进一步深刻回答建设什么样的长期执政的马克思主义政党、怎样建设长期执政的马克思主义政党这一重大课题。

（二）以大党独有政治坚定拓展破解大党独有难题的路径

习近平总书记在党的十九届六中全会第二次全体会议上指出，"经过百年奋斗特别是党的十八大以来新的实践，我们党又给出了第二个答案，这就是自我革命"②。放眼全世界，没有任何一个政党能像中国共产党一样如此严肃认真地对待自身建设，如此高度自觉地以科学的态度、体系化的方式推进自我革命。总书记还说，"世界上那么多执政党，有几个敢像我们党这样大规模、大

---

① 《中国共产党第二十次全国代表大会文件汇编》，人民出版社 2022 年版，第 16 页。

② 《习近平谈治国理政》第 4 卷，外文出版社 2022 年版，第 541 页。

力度、坚持不懈反腐败？有些人吹捧西方多党轮流执政、'三权鼎立'那一套，不相信我们党能够刀刃向内、自剜腐肉"①。中国共产党勇于自我革命的实践给了他们响亮有力的回答。全面从严治党是新时代党的自我革命的伟大实践，开辟了百年大党自我革命的新境界。我们也必须通过全面从严治党探索出一条党长期执政条件下实现自我革命的有效路径，这关乎党和国家事业成败，关乎我们能不能跳出历史周期率。

党的十八大以来，全面从严治党作为新时代党的建设的鲜明主题，提出一系列创新理念，实施一系列变革实践，健全一系列制度规范，推动党的建设这项伟大工程不断深化发展，初步构建起全面从严治党体系。习近平总书记在二十届中央纪委第二次全会上从政治建设、思想建设、组织建设、作风建设、纪律建设、制度建设、反腐败斗争七个方面总结了全面从严治党体系。大家有没有发现，这七个方面跟我们经常说的大党独特优势是不是几乎一一对应的？我们这个党有哪些优势呢？政治优势、理论优势、组织优势、作风优势、纪律优势、制度优势、群众优势，总书记这些年就是带着我们以大党独有优势破解大党独有难题的。

经过不懈努力，党自我净化、自我完善、自我革新、自我提高能力显著增强，管党治党宽松软状况得到根本扭转，风清气正的党内政治生态不断形成和发展，确保党永远不变质、不变色、不变味。更为重要的是，党通过前所未有的反腐倡廉斗争，赢得了保持同人民群众的血肉联系、人民衷心拥护的历史主动，赢得了全党高度团结统一、走在时代前列、带领人民实现中华民族伟

---

① 《习近平谈治国理政》第4卷，外文出版社2022年版，第543页。

大复兴的历史主动。

但与此同时，我们也必须清醒认识到，只要存在腐败问题产生的土壤和条件，腐败现象就不会被根除，我们的反腐败斗争也就不可能停歇。这几年，我们在政法系统、金融系统、粮食系统、医疗系统，乃至我们开始在纪检监察系统开展内部教育整顿，问题依然有，问题依然在。下一步，要继续坚定地沿着总书记带我们通过全面从严治党探索出的这条党长期执政条件下实现自我革命的有效路径前行。

一是要健全全面从严治党体系。目前，我们初步构建起全面从严治党体系，但还要有一个不断深化、细化的过程。习近平总书记指出，"健全全面从严治党体系，是全党的共同责任，必须充分发挥党的政治优势、组织优势、制度优势。要深刻把握党自我革命历史经验特别是党的十八大以来全面从严治党新鲜经验，立足新的形势任务，在党中央集中统一领导下，健全各负其责、统一协调的管党治党责任格局，把全的要求、严的基调、治的理念落实到全面从严治党体系的构建之中，不断提升制度化、规范化、科学化水平，使全面从严治党各项工作更好体现时代性、把握规律性、富于创造性，为党和国家事业健康发展提供政治、思想、组织保证"①。

二是要落实全面从严治党主体责任。全面从严治党，核心是加强党的领导，基础在全面，关键在严，要害在治。"治"就是从党中央到省市县党委，从中央部委、国家机关部门党组、党委到基层党支部，都要肩负起主体责任。具体而言，要压实

---

① 习近平：《健全全面从严治党体系　推动新时代党的建设新的伟大工程向纵深发展》，《求是》2023年第12期。

各级党委、党组全面从严治党主体责任，推动各级党委、党组书记扛起第一责任人责任，落实"一岗双责"，强化专责机关监督责任，压力层层传导、责任环环相扣，推动党建责任落实落地。

三是要严明政治纪律和政治规矩。邓小平指出："我们这么大一个国家，怎样才能团结起来、组织起来呢？一靠理想，二靠纪律。组织起来就有力量。没有理想，没有纪律，就会像旧中国那样一盘散沙，那我们的革命怎么能够成功？我们的建设怎么能够成功？"① 党的纪律是多方面的，但政治纪律是最重要、最根本、最关键的纪律，遵守党的政治纪律是遵守党的全部纪律的重要基础。而遵守党的政治纪律，最核心的就是坚持党的领导，同党中央保持高度一致，自觉维护中央权威。

（三）以大党独有行动自觉扛起破解大党独有难题的责任

习近平在党的二十大报告中指出，"经过十八大以来全面从严治党，我们解决了党内许多突出问题"②。这让我们充分相信党完全有能力有智慧应对"四大考验"、战胜"四种危险"，完全有能力有智慧解决党内存在的矛盾和问题。但是，总书记在二十大报告中也指出，党面临的"四个考验""四个危险"③ 将长期存

---

① 《邓小平文选》第 3 卷，人民出版社 1993 年版，第 111 页。

② 《中国共产党第二十次全国代表大会文件汇编》，人民出版社 2022 年版，第 53 页。

③ 《中国共产党第二十次全国代表大会文件汇编》，人民出版社 2022 年版，第 53 页。

在。大家知道,"四个考验""四个危险"最开始还是党在中国共产党成立 90 周年时提出来的。经过新时代十年的全面从严治党后,总书记依旧一遍遍地讲"四个考验""四个危险"。由此可见,解决大党独有难题是一个长期而艰巨的过程,既需要常抓不懈,又需要集中发力。

那么,在破解大党独有难题的过程中,我们该担负起怎样的历史使命和时代担当呢?首先,纪检监察的同志要挺在前面。纪检监察机关是推进全面从严治党的重要力量,必须忠诚于党、勇挑重担、敢打硬仗、善于斗争,在攻坚战、持久战中始终冲在最前面。在二十届中央纪委第二次全会上,总书记亲自部署纪检监察系统的内部整顿工作,就是要打造一支铁军,挺在全面从严治党的最前面。其次,各级党组织要履行党章赋予的各项职责,提高政治判断力、政治领悟力、政治执行力。之前我们谈政治"三力",更多地强调党员干部的政治"三力",但二十大报告中明确要求落实各级党委(党组)主体责任,提高各级党组织和党员干部政治"三力"。这就表明我们很多基层党组织以组织形式作出的很多决议也是有可能存在政治问题的。习近平总书记强调,"各级党组织和领导干部要牢固树立大局观念和全局意识,正确处理保证中央政令畅通和立足实际创造性开展工作的关系,任何具有地方特点的工作部署都必须以贯彻中央精神为前提"①。各级党组织要多打大算盘、算大账,少打小算盘、算小账,善于把地区和部门的工作融入党和国家事业大棋局,做到既为一域争光,又为全局添彩。最后,全党同志要在党言党、在党忧党、在党为党,把爱党、忧党、兴党、护党落实到工作生活各个环节。我们

---

① 《习近平谈治国理政》第 1 卷,外文出版社 2018 年版,第 386 页。

要做破解大党独有难题的坚决拥护者、积极推动者，而绝不能做破解大党独有难题的阻碍者。

最后，有两个问题跟大家做个交流，一是我们找到了走出历史兴衰周期率的第二个答案，但我们也不能忘了第一个答案。总书记讲得非常清楚，100年来，党外靠发展人民民主、接受人民监督；党内靠全面从严治党、推进自我革命，勇于坚持真理、修正错误，勇于刀刃向内、刮骨疗毒，保证党长盛不衰、不断发展壮大。总书记还曾指出："我常常提及毛泽东同志和黄炎培先生在延安的'窑洞对'。当年'窑洞对'的问题已经彻底解决了吗？恐怕还没有。"① 如果把监督当成挑刺儿，或者当成摆设，就听不到真话、看不到真相，有了失误、犯了错误也浑然不知，那是十分危险的。我们不能因为找到了走出历史兴衰周期率的第二个答案，就认为第一个答案不重要了。"让人民起来监督政府"与"党的自我革命"两个答案如同硬币两面，相互依存、相互促进且内在统一。二是大党独有难题是特指我们作为世界上最大的马克思主义执政党所面临的管党治党难题，但是破解大党独有难题不能关起门来，而是要有开放意识与国际视野。习近平总书记指出，"他山之石，可以攻玉。中国共产党历来强调树立世界眼光，积极学习借鉴世界各国人民创造的文明成果，并结合中国实际加以运用"②。总书记还强调，"我们要拓宽理论视野，以海纳百川的开放胸襟学习和借鉴人类社会一切优秀文明成果，在'人类知

---

① 《习近平关于全面从严治党论述摘编》，中央文献出版社2016年版，第204页。

② 《习近平谈治国理政》第3卷，外文出版社2020年版，第437页。

识的总和'中汲取优秀思想文化资源来创新和发展党的理论"①,在世界马克思主义政党命运比较和中国共产党长期执政面临的现实考验中深化对党的自我革命战略思想的规律性认识。简言之,政党是现代化的产物,政党也是推进现代化进程的重要力量,我们要在各国政党间的交流互鉴中进一步深化对大党独有难题的认识、进一步拓展破解大党独有难题的路径,进而推动世界政党政治的发展,通过政党政治的发展推动人类命运共同体的构建。

---

① 习近平:《开辟马克思主义中国化时代化新境界》,《求是》2023年第20期。

着力提升产业链供应链韧性和安全水平

林柳琳

林柳琳,现为中共广州市委党校习近平新时代中国特色社会主义思想研究中心经济学博士、副教授,中山大学访问学者,广州市党建基地(智库)研究员。主要研究领域为习近平经济思想、产业链供应链、科技创新与中国式现代化理论等。主持或参与国家或省部级课题多项,发表《企业家精神、区域创新与区域经济增长》等论文40余篇,出版专著2部。"习近平关于全面深化改革的重要论述"入选第四届广州市党校系统(广州行政学院)精品课。"着力提升产业链供应链韧性和安全水平"入选第四届广东省党校系统(广东行政学院)精品课。

近年来,全球面临百年变局的加速演进,大国之间的博弈关系日益紧张,地缘政治形势持续紧张,全球还面临多重危机叠加的挑战。西方国家纷纷实施制造业回流政策,关键技术受到制约,个别国家公然鼓吹分裂和对抗,甚至采取脱钩和断链等举措。这进一步加剧了全球产业链和供应链的不稳定性和不确定性,对产业链供应链的安全和稳定构成了严峻挑战。这些年,有媒体关注中国是否在最近五年或十年内减少引进外资的数量。同时,一些沿海地区的制造业企业也面临停产和关门的情况,引发了关于外资外逃和外资是否流失的猜测。此外,一些国家如越南也在吸引制造业企业的外流。对于这些现象,我们需要以理性的态度看待。习近平总书记在多个场合都强调了产业链供应链的稳定问题。在2020年杭州G20峰会上,习近平总书记再次强调了产业链供应链的安全和稳定对于全球经济复苏的重要性。党的二十大报告也提到了着力提升产业链供应链的韧性和安全水平。这些论述明确了当前面临的困难,强调了产业链供应链的竞争力和安全性对国家发展的重要性。因此,产业链和供应链在关键时刻必须保持稳定,这是大国经济的重要特征,也关系国计民生和长远发展。本课讨论的核心问题是如何准确理解和应对产业链供应链的韧性和安全问题,以及如何提升它们的韧性和安全水平。

本课重点讨论三个问题:首先,进行产业链供应链韧性和安全水平的评估。这一步是确保准确了解产业链供应链的韧性和安全性的基础,只有进行全面的风险评估,才能发现存在的问题。其次,在全球产业链重构的大背景下,分析我国产业链供应链面临的变化趋势和影响。需要清楚地理解这些变化趋势可能带来的挑战和机遇,这样才能有针对性地采取行动。最后,着力提升产业链供应链韧性和安全水平的路径选择。这一步是解决"怎么做"的关键,需要根据前期的评估和分析,制定系统的应对策略,以着眼于产业链供应链的长期发展。

一、产业链供应链韧性和安全水平评估

产业链供应链韧性和安全水平评估是确保产业链供应链稳定运行的前提,也是准确理解把握其韧性与安全的基础和起点。在这之前,需要对一些容易混淆的概念进行明确的区分,因为有时候这些概念会被不加区分地混用。一个例子就是三链——价值链、供应链、产业链。明确这些概念之间的区别是有意义的。

价值链主要是学术概念,关注贸易中的价值分配。供应链是企业高度关注的,通过管理策略提升效率。产业链关乎国家安全,其稳定供应关系经济民生。疫情之前,效率是主要关注点;现在安全性受到高度重视,需要自主控制关键产业。但全球化不可逆转,完全"脱钩"代价过高。因此,产业链战略需平衡安全性和开放性,在防范风险的同时,不能放弃国际合作。只有这样,才能在复杂环境中找到最大共赢。

(一)把握产业链供应链韧性和安全的内涵与联系

在评估产业链和供应链的抗风险能力和安全性之前,我们有必要先理解产业链安全、供应链安全这几个概念的内涵和联系。"产业安全""产业链安全""供应链安全"这三个概念虽然联系紧密,但实际上也存在一定的差异。具体来说,"产业安全"这个概念较为宏观,强调产业发展不受威胁;"产业链安全"和"供应链安全"侧重微观层面,研究企业之间的关系。"产业链安全"关注的是整个行业内上下游企业的联动稳定性;"供应链安全"侧重单个企业因原材料供应中断引发的风险。

1. 产业链供应链安全

产业链和供应链的安全性是由多方面因素共同决定的，至少要考虑三个维度：对外依存度、完整性和适应性。完整性和对外依存度是评价产业链安全非常重要的两个角度。要形成完整的产业体系，国家必须重视关系国计民生的基础产业以及支柱产业的发展，如农业、能源等基础产业以及钢铁、机械等支柱产业。我们要发扬自力更生的精神，如袁隆平院士的杂交水稻为我们的粮食安全作出了贡献。如果我们在煤炭清洁化利用等方面有重大突破，也能够确保能源安全。当然，完整的产业体系不意味着全部自给自足，关键产业才是不可或缺的。此外，产业链还必须具有适应性，能够快速进行调整以应对各种危机。适应性主要有赖于基础产业实力和教育科研水平的支撑。当然，提高安全性常常意味着降低生产效率，需要权衡不同方面的利弊。

2. 产业链供应链韧性

产业链供应链韧性是指在开放经济条件下，当产业链遭遇外部冲击或者风险时，能够避免断链的能力，是对未来不确定性的一种预测和反应能力。具体来看，产业链供应链韧性体现在以下几个方面：第一，面对外部冲击能够有强大的抵抗力，将冲击成功吸收；第二，即使遭到冲击，也能在较短时间内恢复原状；第三，将危机转化为机遇，使产业链得到提升。

中国经济发展有坚实基础，源自历史积淀和内生性，不应轻视。当前经济全球化使各国专业化分工提高产出效率，这是合作互利的经济规律。若单方面退出合作，必然损害共同利益。中国拥有巨大市场和强大制造业，支撑产业链韧性。可以确信，中国经济和产业链有理论和实践支撑，韧性不减。应坚持开放合作，提高产业链的安全性和韧性。

3. 产业链供应链韧性和安全的内在联系

关于韧性和安全性的关系，不能割裂看待，应统一来认识。提高安全水平是增强韧性的前提，而韧性又是实现安全的必要条件。两者是一体的两面。安全水平高，韧性才能更强。产业链供应链的韧性和安全关键在于牢牢掌握关键环节的主导权和控制权，具体就是要控制住关键基础产品、核心技术等方面的主导权。如果占据产业链关键位置，掌握主导权，产业链供应链就会安全，否则就存在脆弱性。

（二）产业链供应链韧性和安全水平的评估

真正考察一个国家产业链供应链的韧性和安全水平，主要可以从两个方面来看：一是影响力，二是脆弱性。

1. 产业链供应链影响力

产业链影响力即一个国家在全球产业链中的地位。具体而言，是指国家在产业链的关键环节，拥有多大的话语权和控制力。影响力越大，则在全球经济体系中的地位越重要，产业链的韧性和安全性也更高。因此，增强核心环节的控制力，是提升产业链影响力的重要途径。

2. 产业链供应链脆弱性

产业链脆弱性指存在的问题或短板，这些问题将导致产业链遇外部冲击时易断裂。脆弱性越小，产业链抵御风险能力越强，韧性和安全性也越高。因此，识别和消除关键问题短板，是增强产业链抵御外部冲击的重要途径，也是提高韧性与安全性的必要手段。

3. 对中国产业链供应链影响力进行评估

从产业链影响力角度判断国家地位，可以采用供应链网络关键节点分析法。即检查国际贸易中的数千种货物，判断一个国家在其中占有多少关键产品出口的重要地位。这些关键产品是指产业链容易出问题和敏感的产品。中国作为唯一同时拥有联合国三百多个工业门类生产能力的国家，其产业链影响力有多重判断方法。如果通过关键产品占比这一细分角度判断，结论可能与其他角度有所不同。这可以更准确反映一个国家在产业链脆弱环节的控制力。

从关键产品出口占比判断全球产业链影响力，中国与美国、德国等国并驾齐驱，属于全球前列。从数量上看，中国占关键产品出口头部位置的比例与美国、德国接近；从金额上看，中国略高于美国，可能有所高估。总体而言，中美贸易对抗时中国仍能应对自如，不处明显劣势。但考虑美国联盟，中国面临一对多不利局面。另外，俄罗斯供应链影响力排名 30 多位，远低于经济体量相近的韩国，与斯洛伐克、葡萄牙、印度等国相当，明显偏低。这反映出中国全球供应链影响力强、韧性较好，而俄罗斯影响力和韧性则较弱。

分析中国在全球供应链的脆弱性，可以从中间产品进口和全球出口两个维度判断。第一，中国从国外进口该中间产品的集中度，如果仅从少数国家进口，面临的风险较大；如果来源多元化，风险较小。第二，全球出口该产品的集中度，如果仅少数国家出口，供应链集中度高。基于这两个指标，可以将中间产品分四个象限：第一象限风险最大，中国只从少数国家进口，全球供应也高度集中；第四象限相对安全，中国实现进口多元化，全球供应也比较分散。

分析显示，存在四类进口中间品：一是进出口都高度集中，风险最大，如高端自行车。二是进口分散而出口集中，目前安全但长期存在被收敛至少数主要出口国的风险。三是进口集中而出口分散，短期有进口风险，但可通过拓展可选来源逐步实现多元化。四是进出口都分散，风险最小。可以看出，当前最不安全的第一象限以及未来最可能隐患的第二象限，需要优先关注。要提高进口产品的安全性，关键是防止过度依赖少数国家，实现来源国的多元化。

根据中国进口集中度和全球出口集中度，可将中间产品区分为四类，每类反映不同的供应链风险：第一类风险最大，需目标政策防控；第二类存在长期隐患，需防患于未然；第三类短期有风险，长期可通过拓展实现多元化；第四类风险最小，但仍需监测。这种分类为不同产品制定针对性政策提供了基础，有助于降低供应链风险。

4. 从行业角度来看中国产业链供应链脆弱性

从行业角度看，中国进口中间品供应链风险主要有：一是进出口集中于少数国家的产品，风险最大，需高度关注并制定安全规划。二是出口集中但进口分散的产品，暂时风险不大，但仍需防患于未然。三是进口集中而出口分散的产品，可进一步拓展多元化进口渠道。四是进出口都比较分散的产品，风险最小，但仍需监控防止单边依赖。总体而言，要对不同类别的供应链风险有分级防控，既保证产业链安全，也防止过度脱钩。

目前，中国在产业链供应链上脆弱性最高的三个行业分别是：电机、电气、音像设备及其零附件，核反应堆、锅炉、机械器具及零件，光学、照相、医疗等设备及零附件。这三大行业存在共性问题，即在关键零部件和材料上过度依赖进口，而且进口来源高度集中，一旦发生断供，将严重影响我国相关产业链的安全稳定运行。

具体来看，电机、电气、音像设备及其零附件行业的脆弱性尤为突出，复合脆弱性指数是其他两大行业的3倍以上。该行业涉及信息技术、国防装备等敏感领域，一旦出现供应中断，后果将极为严重。因此，该行业亟须积极作为，提升产业链韧性。针对上述三大高脆弱性行业，国家必须采取有力举措，通过引进核心技术、发展自主品牌、构建本土化供应链等方式，切实提升这些行业的自主可控水平。只有根本扭转对外依存的被动局面，建立安全可靠的国内供应体系，我国产业链供应链的整体韧性和安全性才能得到根本提高。

5. 十个发达国家产业链供应链脆弱性分析

研究发现，发达国家最强的传统产业，反而存在供应链安全隐患。具体而言，以半导体和电子设备见长的美日韩，此领域脆弱度最高；以机械设备制造领域闻名的英法德意，其机械设备领域脆弱度也最高。这意味着发达国家在自己最拿手的产业上，存在严重进口依赖，且高度集中在少数国家。简言之，发达国家最强大的产业，在供应链上却最薄弱。这一发现值得我们深思。要提高关键供应链的安全性，发达国家或许需要重新审视国内产业政策。

（三）国家产业链安全的悖论

产业链竞争力与安全性之间存在一定的悖论，这一点从各国产业链监测中可以看出。具体来说，一个国家在某产业链上的国际竞争力越强，其供应链依赖性和脆弱性也越高。这似乎意味着，竞争力强的产业链其安全性较弱。我们进一步针对中国不同行业进行了分析，发现这种悖论更多存在于技术密集型产业。这类行业越是在全球价值链中占据重要地位，其对外依存程度就越高，产业链也就越不稳定。但是，对于劳动密集型产业则不存在这样的悖论，甚至呈现相反的关系。这可能是因为劳动密集型产业链长度较短、产业集成度较低。如何在产业链竞争力和安全性之间找到最佳平衡，是我们当前面临的一个重要课题。不能单纯以牺牲安全性来换取竞争力，更不能因提高安全性而降低竞争力。我们需要在科学谋划产业链布局的同时，持续推动核心技术创新，才能使产业链既高效又安全。只有这样，才能在世界范围内构建稳固的产业链地位。产业链竞争力与安全性之间的悖论，其根本在于分工带来的效率提升同时也增加了依赖性。

面对产业链竞争力和安全性的两难选择，中国不能脱离全球产业链分工网络，否则竞争力会受损。党的二十大报告指出，要深度融入全球产业链，保持多元稳定的国际经贸格局。这反映了我们对经济全球化持包容和开放态度。产业链二元悖论是所有国家都面临的问题，解决起来难度不同。中美两国也一样面临这样的选择困境。我们来对比分析一下中美两国在处理这一悖论方面的差异，这可以给我们以启示，在提升产业链竞争力的同时，如何兼顾安全性，达到最佳平衡点。

（四）全球供应链风险分析

中美两国都面临产业链供应链的安全性困境，但从实际情况看，美国在处理这一问题上似乎更胜一筹。其中一个重要原因在于，美国在政治关系和对外依存度上处于更有利的位置。具体来说，先不考虑政治因素，仅从生产和销售层面来看，中美两国的供应链风险其实是可以比的。但是如果加入政治关系这个维度，美国的供应链风险会有所减弱，而中国的风险则会增加。这主要是因为美国大量依赖稳定的欧盟和北美盟国，它与这些盟国形成了政治互信基础。即使严重依赖进口，其供给也十分可靠。而中国的政治关系网络不如美国巩固，这成为我们的劣势。

此外，从断供能力看，美国对外依存也更具弹性。由于诸多关键产品不存在完美替代，即使遭遇断供，美国也难以迅速改变。这进一步降低了美国的供应链风险。相比之下，中国的供应链更容易受到国际关系变化的影响。

由此可见，中美作为典型的两种供应链格局，同时面临效率与安全的两难选择。但美国在应对上更占优势，给我们以警示。我们必须提高政治关系网络稳定性，增强供应链弹性，才能在开放中确保安全，实现产业链优化。

第一部分重点在于：一是必须高度重视产业链供应链的韧性和安全性评估，这是保障其稳定运行的基础。需考量外部依赖、完整性、适应性等因素。二是必须掌控产业链关键环节，了解其对链条的影响力和脆弱性，以增强韧性和安全性。三是中国须警惕如电机制造等脆弱行业的过度依赖进口，并认识到竞争强劲的行业也可能存在安全隐患。四是在提升产业链竞争力的同时，降低对外依赖，实现开放与安全的平衡尤为重要。因此，中国需建立更稳固的政治关系网络，以实现国际合作与安全性这两个目标。

二、全球产业链重构对我国产业链供应链的挑战与机遇

2008年全球金融危机后，世界经济进入深度调整期，低增长、低通胀、低利率和高债务、高赤字等风险交织。在这一背景

下，民粹主义和贸易保护主义抬头，中美贸易冲突加剧，逆全球化浪潮来袭，叠加2020年新冠肺炎疫情冲击，既有的全球产业链格局受到巨大挑战，并面临企业组织架构和地理布局等方面的重构压力。此外，各国要素成本优势的相对变化和新兴技术的发展也是推动全球产业链不断调整的重要力量。一方面，随着不断融入全球产业链和经济的发展，一些发展中国家的生产成本明显上涨，进而促使部分产业链向成本更低的地区转移；另一方面，以人工智能、大数据为代表的新兴技术正在改变工业生产方式，降低生产过程对中低技能劳动资源的依赖程度，进而改变全球产业链的组织架构。

（一）全球产业链的重构趋势

全球产业链的发展与重塑对中国而言尤为重要。在新冠肺炎疫情前全球产业链的发展已经呈现出三方面的明确趋势：第一，成本因素主导劳动密集型产业或劳动密集型任务的持续转移；第二，技术因素一方面促使全球分工体系的建立，另一方面也不断改变工业生产方式，增加经济赶超的技术壁垒；第三，2008年金融危机后，贸易保护主义抬头，全球经济不确定性增加，政府因素促使制造业向本区域甚至国内回流。

疫情后对全球产业链造成巨大冲击，各国产业链都不同程度受到影响，出现了很大不确定性。在这过程中，跨国公司开始反思以前只单纯追求效率的供应链管理模式，开始考虑如何在效率和安全之间找到平衡点。甚至美国、日本等也开始反思产业链政策，强调要让产业链自主可控，最后要以社会成本为标准来配置产业。比如采取措施，引导关键产业如医疗、高科技等回流国内，构建国内的应急供应链，推动区域化发展，缩短产业链。可以说，疫情冲击之后，世界已经变了。

（二）把握"一条主线、三条辅线"

全球产业链重塑的主线是中美贸易冲突，但还有三条辅助线也起作用，就是数字化、多元化和低碳化。如果没有中美冲突主线，仅凭三条辅线，全球产业链重构可能也会发生，但对中国的影响是中性的。

1. 全球化的三个阶段与中美关系特殊复杂性

具体地，可以把这个事情放到全球化的三个阶段背景下来观察。先把全球化分成三个阶段。第一阶段是传统的贸易一体化，即跨境消费阶段。到了第二阶段，跨境资本的投资，带来了跨境生产。第三阶段是跨境信息的流动阶段。信息往往涉及军民两用技术，就像美国在特朗普时期经常用国家安全的理由来对 IT 业的巨头进行打击，军民两用技术使得国家的安全边界变得模糊，如果两个国家互信程度是非常高的，这个没问题。如果两个国家互信程度不高，就变成一个问题了。所以，信息安全现在已成为非常突出的问题。数字技术发展得越快，对于中国来说是一个赶超、换道超车的机会，但伴随互信程度下降，也带来了中美之间更激烈的冲突，甚至反过来还影响和波及了跨境贸易和跨境生产。当然，这也意味着数字技术、网络空间成为中美之间一个新的竞攀领域。中美的第一阶段协议当中主要涉及的还是第一、二阶段全球化面临的问题，但是对于信息全球化这个难题，大家都在想怎么样去解决、怎么样去面对。

气候变化通常给各行业带来压力和不对称冲击。但在中美激烈竞争的背景下，气候变化领域是双方能够找到共识、开展合作的少有领域。因此，在关注中美经贸冲突的同时，也应当重视气候变化带来的影响。将两者结合起来分析，可以得出新的见解。气候变化与中美关系这两大课题交织在一起，应当成为我们讨论国际经贸和地缘政治的新的视角。

2. 一条主线：中美关系

在过去的几年中，美国两届政府的政策演变反映了美国对中国进行科技遏制的不断加强。他们的对华政策主要集中在三个方面，对中国的科技政策也呈现出相应的演进，可以概括为以下三个方面：

第一，这些竞争包含了遏制中国的策略，其中一种方式是通过多边合作与盟友合作，以共同限制中国的科技进步和市场准入。第二，双边关系中的遏制策略也发生了变化，从全面脱钩的模式逐渐演变为更加精准的合作限制，但仍以限制中国为主要目标。第三，科技竞争方面，各国积极提高自身的科研投入，以保持或增强自身的科技领先地位。这些趋势反映了中美科技竞争的复杂性和激烈性，同时也包括重新定位全面脱钩策略、网络空间竞争的加剧，以及围绕新技术的国际规则和话语权争夺。未来的竞争将覆盖多个领域，包括气候变化、数字技术和医疗卫生等，使竞争更加多元化和全面化。

（1）美国对中国产业领域遏制的策略选择。

关于美国选择对中国哪些产业实施制裁，可以归纳为：一是中美技术差距越小的领域，越有可能成为美国制裁目标。中国在数字通信等领域进步显著，尽管与美核心专利还有差距，但已引起美国监管关注。二是差距越大的领域，越不易成为美制裁目标。这可从美国重复调整的制裁名单中得到验证。三是当中国在某些高科技领域赶上或超过美国时，美国反而主动寻求合作。因为实力接近时合作空间更大。因此，中国需要继续突破核心技术，以形成对美国的战略威慑力。同时,还要审慎选择产业链发展方向,既不能一味弥补短板,也不能过度依赖长板,而要在二者之间找到最佳平衡点。需要在继续突破核心技术的同时,作出理性的产业链战略部署,以增强产业链的安全性和抗风险能力。只有这样才能在开放的国际竞争中确保产业链的安全。

(2) 中国技术赶超的策略选择。

当前,中美在科技和经济实力上还存在一定差距,那么中国应该如何赶超呢?我认为,在一定程度上,数量的积累也能够转化为质的飞跃。具体来看,中国人均 GDP 仅为美国的 1/4,但随着综合国力的增强,中国的总量 GDP 已经逐渐接近美国。如果按市场汇率计算,中国 GDP 超过美国只是时间问题。这意味着中国市场对跨国公司的重要性正在大幅提升。中国巨大的市场潜力势必会吸引更多的外资和技术溢出。相比之下,购买力平价反映的是居民消费能力,不能充分代表一个国家的综合实力。中国在购买力平价上的确已超过美国,但这并不改变我们在总量上还存在短板的事实。科技投入力量也可转化为质的飞跃。中国必须坚持经济建设这个中心,持续扩大科技和经济的总量规模。只要持之以恒积累实力,持续投入终会转化为质的飞跃。既不因为数量短板而气馁,也不能急于求成而忽视数量积累。中国需要在扩大数量的同时,提升质量,以双管齐下的战略,在开放竞争中赢得主动。

3. 把握数字化、多元化趋势

首先,数字化。观察全球化的不同阶段,全球化可以分为三个主要阶段。第一阶段是跨境消费。第二阶段是跨境生产,这一阶段在 20 世纪 80 年代达到巅峰,它伴随全球化红利。第三阶段出现在本世纪初,即 21 世纪初,特别是在 2010 年以后,跨境信息流动带来的全球化，这一全球化主要由移动互联网和手机技术的普及推动。在这三个不同阶段的全球化中，存在着明显的差异。前两个阶段的全球化主要依赖物理产品的跨境流动，这些产品可以通过检验、检测和测试来确保国家安全。例如，有毒食品或潜在窃听器，可以进行检测和拦截。又如，军用和民用飞机材料的强度存在明确的出口管制界限，因此容易管理。

然而，在第三阶段的全球化，即跨境数据流动，出现了不同的情况。随着海量数据的跨境传输，国家安全问题变得更加复杂。这涉及数据隐私和安全方面，不仅是中国在考虑美国，美国也在考虑中国。同时，在这一阶段，军民融合和双用技术的边界变得模糊不清。因此，与过去的全球化情境不同，当前的情况发生了显著变化。在前两个全球化阶段，存在全球治理和协调机制。例如，世界贸易组织（WTO）在处理跨境消费品领域的冲突时可以通过关税进行协调，同时在跨境生产领域也具备一定的协调能力，涉及投资、贸易和知识产权等问题都可以通过 WTO 进行协调。然而，在跨境信息流动的第三阶段，WTO 失去了协调能力，因为它没有相应的功能，并且现在其自身也面临运作问题。在这一情境下，中美之间的信任程度下降，导致两国关系面临前所未有的挑战。

解决数字化时代治理困境的方法有：一是依靠技术进步，通过升级来创造政治空间，如明确安全边界、实现智能监管等。二是建立双边数字经济领域的合作协定，借鉴跨境生产的经验。三是在双方缺乏信任时，引入公认的第三方中介，如存储第三方支付数据的平台。虽复杂，但在技术进步、双边协作和第三方参与等方面，有多种办法应对数字治理时代的挑战。

其次，多元化。例如，中国+1（中国加其他国家）的战略提法，对中国来说可能意味着一定程度上产业链的外移。这种多元化趋势对中国来说带来了一些挑战，但需要注意的是，这个多元化趋势并不是单向的外移。原本过度集中在其他国家的产业链也可能部分多元化到中国。

产业链多元化布局有三种选择：一是外移，二是内迁，三是区域重组。在权衡这三种选择时，通常认为外移和内迁都存在负面影响。但部分行业协会持不同看法，如中国服装纺织协会称产业外移为"大协同"，通过资源整合可获得更多利润，增强对产业链的控制力。在服装行业，中国在多领域拥有绝对控制力，同时品牌质量获得快速提升。因此，对这些选择无法提前给出标准答案，需权衡正反面影响。外迁既可能导致产业空心化，也可能促进产业升级和以中国为核心的产业网络形成。如果因势利导，内迁也可巩固产业链地位。

产业链外迁经历了四个阶段：第一轮是由于成本上升引发，第二轮是中国自 2015 年提出供给侧结构性改革、采取"三去一降一补"等主动措施，前两轮主要出于经济原因。第三轮是特朗普政府遏制措施，第四轮是拜登政府对华施压，后两轮更多受非经济因素影响。尽管如此，中国出口市场份额持续上升。可见，产业链外迁既有主动调整，也受外部环境变化影响，但中国产业整体实力仍在增强。

从微观层面看，中国产业链外流压力也在减弱。一项调查显示，2015—2021 年，从中国撤资的外企比例持续下降，已从 1.7%降至 0.4%。这反映出两点：一是离华外企主要是竞争力较弱的亏损企业，留存下来的外企大部分利润状况不错。外流更多是企业自身淘汰，而非产业链转移。二是外企离华比例下降，说明中国市场对他们的吸引力在增强，完整的产业链让他们不愿轻易离开。当然，也存在一定幸存者偏差。但中国市场潜力持续释放，让外企不得不考虑留存成本。中国不断优化营商环境，也使留存诱惑进一步加大。但是，留在中国的外企扩张态度更为谨慎，短期内先趋于稳定。从中长期来看，稳定可能转为撤资，这取决于多种因素。

超大市场规模仍是中国吸引外资的关键优势，我们要进一步释放这一优势。同时还要持续优化营商环境，夯实技术创新基础，使合作诱惑持续增强。只要中国经济长期向好，短期波动并不可怕。所以说，现阶段虽面临一定下行压力，但只要持续提升韧性和吸引力，巩固产业基础，就可确保产业链长期稳定。中国仍是最具潜力的市场，外企也需要我们的完整产业链，离场成本过高。

（三）中国与东盟国家的产业链合作

中国与东盟国家的产业链合作，特别是当前广受关注的中国与越南。首先，观察越南是否能取代中国世界工厂的地位。客观来看，越南确实具备明显优势：

第一，它的国内环境正在经历一个历史性的改革进程，营商环境改善非常明显。第二，有利于越南的因素是其国际环境。越南最近几年内快速加入了国际高标准的经济贸易规则协定。最开始越南加入了跨太平洋伙伴关系协定（CPTPP），与欧盟签署了欧越自贸区协定，参与了区域全面经济伙伴关系协定（RCEP）和太平洋经济自由化协定（IPEF），此外，越南作为东盟成员，也参与了东盟内部的紧密经济合作。第三，越南在全球价值链当中的地位比印度更高。但是，我们也要注意到，中国和越南产业结构还是有一定差异，不是完全对等的竞争关系。从全球价值链分工来看，越南目前仍以劳动密集型产业为主，如纺织服装。而中国已向中高端产业链发展。所以两国出口产品有一定差异。现阶段中国产业链向越南等地的转移虽有，但规模和范围还比较有限，完整产业链优势仍在中国。下一步中国应进一步扩大与东盟合作，实现产业链要素交易，让中国企业在东盟国家高质量发展。只要把握新趋势，稳住产业基本盘，积极作为，中国就能在产业链变革中保持主导力。

从几个方面看，越南想要在短期内赶超中国面临较大困难：一是经济规模偏小，2018年越南人口仅1亿，经济规模仅相当于中国中西部省份的80%~90%，这可能制约其发展。二是工业结构以轻工业为主，产业链不够全面，重工业发展空间有限。三是没有进入世界500强的本土企业，缺乏在全球范围内具有影响力的企业，也缺乏学习型企业。四是大学和科研实力较弱，排名较低。因此，目前越南更多被视为中国产业链的补充和缓冲，而非竞争对手。缺乏重工业基础、高端产业积累以及自主创新能力，使其难以在短期内跃升至发达经济体行列。

中国与越南经贸关系呈现互补性，越南对中国的竞争压力有限，因此成为中国周边地区的重要缓冲带。具体来看：一是2000—2022年中国对越出口增长150倍，达到近1500亿美元，获得500亿~600亿美元贸易顺差，互补性明显。二是中国对越出口竞争压力指数达85.5，越南对华仅9.3，呈现不对称关系，中国处于主导地位。部分越南对华出口源自中资企业，中国获取部分增值。三是越南经济规模较小，对华依赖性大，其在中国经济中的战略位置更像合作伙伴。这种不对称关系使越南成为中国周边地区的重要缓冲带，有助于区域经济稳定。

第二部分的要点集中在全球产业链的变革上，这个变革受到多方面因素的影响。首要因素是中美关系，它对全球产业链的调整有着最大的影响。这一因素主要关注了中美之间的竞争与合作，以及它们在全球经济中的地位，中美关系的紧张或合作都可能对全球产业链产生深远的影响。数字化是一个重要的辅助因素，它为中国提供了融入全球数字经济的机会，中国应积极鼓励企业进行数字化转型以充分利用这一机会。多元化是另一个辅助因素，既是挑战又是机遇，多元化的全球产业链分工有助于各国发挥自身优势，但也可能对中国的地位造成影响，因此中国需要提升在全球产业链中的地位以迎接多元化的挑战和机遇。绿色低碳发展是不可避免的趋势，中国在绿色技术方面有着竞争优势，应积极争取在绿色产业链中取得领先地位。面对产业链的变革，中国需要保持战略稳定和耐心，巩固自身的产业基础，推动科技和管理创新，充分发挥庞大的市场规模，以在产业链变革中取得领先地位。这些观点共同构成了对中国应对全球产业链变革的战略性建议。

三、着力提升产业链供应链韧性和安全水平的路径选择

第三部分"着力提升产业链供应链韧性和安全水平的路径选择"，是本课程的重点和难点。在前两部分内容的基础上，我们需要深入思考如何找到提升产业链供应链韧性和安全的有效路径。这需要联系国内外经验做法，遵循产业链供应链发展规律，立足我国国情，着眼现代化产业体系建设的整体布局，从完善法规政策、加强创新驱动、深化改革开放等多个角度，形成系统解决方

案。希望通过我们共同的思考和讨论，以提升产业链供应链的韧性和安全水平。

（一）打造自主可控、安全可靠、竞争力强的现代化产业体系

首先，什么是提升产业链供应链韧性和安全的基本要求？习近平总书记指出，"要推动短板产业补链、优势产业延链，传统产业升链、新兴产业建链"①，打造自主可控、安全可靠、竞争力强的现代化产业体系。这为提升产业链供应链韧性和安全指明了行动方向。

1. 产业链供应链竞争力提升策略

为提升产业链安全和竞争力，可从四个方面落实：一是推动短板产业补链，提升生存力；二是推进优势产业延链强链，增强反制力；三是推进传统产业升链，增强控制力；四是推动新兴产业建链，培育塑造力。总体而言，中国需补短板、延长链、提升传统产业、培育新兴产业，在新形势下确保产业链安全和战略主动权。这需要结合行业实际，采取针对性强的举措。

首先，中国需要补齐集成电路等关键领域的短板。作为信息技术发展的"粮仓"，集成电路存在严重的进口依赖。国家应采取政策支持核心器件的自主可控，聚焦软件、高新技术、关键基础材料等被"卡脖子"的领域，以确保关键产业供应不会在关键时刻被外部打断。其次，在延链强链方面，如高铁产业，中国应继续做优做强，提升系统集成和自主创新能力，在海外市场获得

---

① 中共中央宣传部：《习近平新时代中国特色社会主义思想学习纲要（2023年版）》，学习出版社、人民出版社2023年版，第163页。

更多认可。通过培育更多配套企业，中国可以牢牢掌控高铁产业链，形成强大的谈判反制能力，避免关键环节被外部掌控。再次，要推动钢铁、化工等传统产业实现数字化、绿色化转型。发挥数字经济和智能制造的作用，实现传统产业的信息流、物流、资金流的融通，使其变得更智能、绿色和高效。最后，在培育新兴产业完整产业链方面，如生物医药，中国需要采取措施强化细胞治疗、基因测序等关键技术，使生物医药产业链更加完整，核心技术更自主可控。

2. 做好五个层次产业链供应链的努力

要抓住新一轮科技和产业变革机遇，布局前瞻性战略性新兴产业，通过创新链和产业链的有效衔接，新兴产业链条不断壮大完善。要落实产业链供应链竞争力的提升策略，需要做好五个层次产业链供应链的努力：一是产业链招商打造产业链集群；二是进一步自立自强加快补链扩链强链；三是培养实现垂直整合的制造业龙头企业；四是培育中国自己的生态主导型的链主企业；五是谋划布局一批符合未来产业变革方向的整机产品。

2023年9月7日，习近平总书记在主持召开新时代推动东北全面振兴座谈会的讲话中强调指出，"推动产业链向上下游延伸，形成较为完善的产业链和产业集群"①。为什么要推动产业链向上下游延伸，形成完善的产业链集群？有如下几点原因：首先，产业链上的企业不能只盯着自己一个环节，要把视野放长远些，向产业链的上下游进行战略性延伸。例如，我是一家钢铁企业，我不能只限于炼钢环节，可以通过并购、投资等方式，延伸到煤炭

---

① 《牢牢把握东北的重要使命　奋力谱写东北全面振兴新篇章》，《人民日报》2023年9月10日。

开采、铁矿石等原材料端，也可以延伸到汽车制造、家电制造等下游环节，实现全产业链的协同发展。其次，单个企业延链还不够，最好能形成区域性的产业集群。东北老工业基地拥有钢铁、装备制造等产业基因，可以依托这些优势产业，吸引更多上下游企业入驻，围绕专业分工形成完整的供应链体系。最后，要加强企业之间、产业之间的协同配合。不同企业各司其职、优势互补，同时还要携手开展技术创新、品牌建设、国际市场开拓，使产业集群的整体竞争力不断增强。

为提升产业链安全和竞争力，可从五个方面着手：一是通过招商转型，大力发展产业集群，实现高度聚集、协作和供应链优化，降低外部依赖，提升安全性。二是继续推进自主创新，快速补链、扩链、强链，融合生产要素，提高一体化水平。三是培育能垂直整合的产业链龙头企业，带动相关集群发展。四是培育掌控标准、供应链、价值分配的生态主导型核心企业。五是谋划布局未来可能的新兴万亿级消费品的整机产业，形成具有全球竞争力的产业集群和链主龙头企业。

（二）从全球视野布局产业链供应链建设

面对复杂的国际环境，如何提高产业链供应链的韧性和安全水平？习近平总书记在浙江考察时强调，要"从全球视野布局产业链供应链建设"[1]，这就要求我们要主动适应新一轮的科技和产业变革，准确把握全球产业链供应链的新趋势，以构建新时代的竞争优势。在全球产业格局深度调整的背景下，我们既要直面挑

---

[1] 《始终干在实处走在前列勇立潮头　奋力谱写中国式现代化浙江新篇章》，《人民日报》2023年9月26日。

战，也要主动作为。

产业链供应链的形成是经济全球化背景下全球分工的结果，是重要的全球公共产品，每一个国家在其中都有自己的位置，发挥着不可替代的作用。我们要从全球视野出发，看到自己在全球产业链供应链中的位置，明确自己的比较优势所在，以进一步提升在全球产业链供应链中的竞争力和话语权。如何从全球视野布局产业链供应链，主要可从以下三个方面来考虑：

1. 推动国内国际双循环相互促进，积极参与全球产业链供应链的规制重构

面对当前复杂的国际环境，中国要继续保持高水平的对外开放，更加积极地推进制度型开放，真正实现要素自由流动。同时，我们也要加强产业链供应链的国际治理，与各国一起重塑公平合理的全球分工体系。在开放过程中，中国还要加大对外贸易力度，为全球提供更多优质产品，争取突破一些国家的限制措施。我们要积极布局全球产业链，构建合作机制，推动在投资贸易等领域的交流合作。企业也要提升自身实力，找准核心竞争力，巩固在全球产业链的战略地位。提高产业链供应链韧性和安全水平，是中国提升国际竞争力的内在要求。我们必须充分利用国内国际两个市场，积极参与全球治理，以此推动中国经济高质量发展，提升我们的国际竞争力。

2. 扎实推动中日韩、欧盟等区域国家合作，夯实全球产业链供应链合作的基础

首先，中日韩的合作至关重要。中国可以利用日本和韩国在半导体和汽车制造方面的技术经验，结合我们自己庞大的制造业规模，一起在新兴产业领域展开合作和创新。我们要促进RCEP框架下的服务业开放，让要素更便捷地流动。同时，也要着力推

进中日韩自贸区的谈判，扩大区域市场的开放。其次，中国与欧盟的合作也非常重要。特别是在新能源汽车、航空航天等高新技术领域，我们需要加强与欧洲国家，特别是与德国的合作，以确保在中美经贸关系紧张时，关键领域不会中断。我们需要推动产业链和创新链的深度融合，支持欧盟参与"一带一路"建设，构建一个紧密联系的欧亚产业链体系。最后，中国还应该加强与新兴经济体和发展中国家在产业链和供应链领域的合作。积极发挥各自的优势，实现互利合作，让大家一起分享发展成果。

与欧洲从产业链合作逐步深化一体化过程不同，东亚的区域合作似乎采取了一种不同的路径。在实体经济领域的合作进展缓慢的情况下，东亚国家最早聚焦于货币金融合作，但成果有限。鉴于欧洲一体化的经验，中日韩及东盟国家有必要加强区域产业链的整合。以汽车产业为例，2020年欧洲疫情导致供应链中断，对中日韩形成了冲击。尽管中日韩汽车零部件不完全匹配，但合作空间依然存在。中国可通过与韩日二级、三级、四级供应商合作，寻找替代生产商，确保德系法系汽车零部件的供给。总之，中日韩可借鉴欧洲一体化经验，从产业链协作着手，加强区域经济一体化。汽车产业供应链整合就是一个可行路径。通过合理配置区域产业资源，中日韩可形成产业链上的战略协作，共同应对全球化挑战。

中国、日本和韩国在汽车产业链合作中体现互补性，这有望成为加强三国区域经济一体化的新的契机。日韩在传统汽车产业中历史积累深厚，中国拥有世界最大汽车市场，在数字化和新能源领域也具备实力。特别是在当前环境下，汽车产业对稳定的自主化芯片需求巨大，中国处于有利地位。作为全球单体规模最大的产业，汽车产业蕴含中日韩巨大合作潜力。三国可以发挥各自优势,开展汽车产业链战略合作。这不仅带动相关上下游产业发展,还将提升东亚地区经济一体化水平。

3. 加强与共建"一带一路"国家的合作,全面提升区域产业链供应链的可控水平

首先,中国应充分利用产业多样性和庞大市场,通过开放政策与"一带一路"国家开展互利合作,扩大双边贸易投资。其次,中国要在5G和数字经济领域与这些国家加强合作,不仅在产业层面,还要推动产业创新和数字经济的深度融合,提高区域自给自足能力,确保各国普遍受益。最后,中国要利用市场辐射带动效应,促进区域产业链各环节协同合作,巩固中国在区域产业链的核心地位,支持其他国家发挥各自优势,推动区域价值链双向流动,增强整个区域产业链的抗风险能力。

(三)正确认识斗争和开放合作的辩证关系

中华民族伟大复兴绝不可能是轻轻松松、一帆风顺的,必然要经历一番艰苦的磨炼和斗争。习近平总书记在党的二十大报告中把"敢于斗争、善于斗争"[①]作为"三个务必"的重要内容之一,把"坚持发扬斗争精神"[②]作为前进道路上必须牢牢把握的重大原则之一。新时代的斗争,必然是在斗争中争取团结,在斗争中谋求合作,在斗争中争取共赢。斗争是手段不是目的,不能为斗争而斗争,斗争的目的是实现人民对美好生活的向往,是面

---

① 《中国共产党第二十次全国代表大会文件汇编》,人民出版社2022年版,第2页。

② 《中国共产党第二十次全国代表大会文件汇编》,人民出版社2022年版,第23页。

对风险挑战的主动迎战，打开事业发展的新天地。

斗争需要勇气和决心，更是一门需要智慧的本领和艺术。有勇无谋，大事难成。光有斗争精神，如果不善于斗争也是不行的。这是匹夫之勇，一上场就容易败下阵来，一副好牌也会被打成烂牌。习近平总书记多次强调，"斗争是一门艺术，要善于斗争"，"既要敢于斗争，勇于碰硬，又要善于斗争，讲究斗争艺术和策略"。

全球产业链重构下，中国的应对也需要充分发挥斗争本领。同时要充分把握，斗争是手段不是目的，我们的斗争应该是为了更好地参与全球产业合作。面对当前全球产业链重构的复杂局面，中国面临一些发达国家的打压遏制。这需要我们保持战略定力，勇于斗争。但是，我们的斗争不是目的，而是手段，最终目的是让人民过上更好的生活。

因此，在产业链重构中，我们进行必要的斗争，是为了争取公平的国际规则，维护产业链的全球公共产品属性。我们也要在斗争中求同存异，与其他国家展开合作，共同推动形成对各国都有利的新型全球产业分工体系。中国的市场规模巨大，这本身就是我们在全球产业链中的强大议价筹码。我们要充分利用这一优势，与各国形成正向纽带，而不是完全脱钩。因为只有更深入融入全球产业合作，中国经济才能持续健康发展，人民生活才能持续改善。由此可见，我们的斗争应该是为了争取在公平合理基础上深化全球产业链分工，实现共赢多边合作，而不是完全自给自足。我们要在开放合作中斗争，在斗争中开放合作。

第三部分提出了一些方法，以增强我国的产业链和供应链的坚韧性和安全性。这包括填补我们产业链中的薄弱环节、延伸我们的产业链、提升传统产业以及建设新兴产业等战略。同时，我们还需要以全球眼光来规划我们的产业链和供应链，促进国内和国际的互动，与区域伙伴以及"一带一路"国家加强战略协作。此外，我们也需要正确看待竞争和开放合作的关系，以推动建立新型的全球产业合作体系。这些策略的目标是帮助我们更好地适应和引领全球产业链的演变。

四、总结

提升产业链供应链的韧性与安全，是一个循序渐进的过程，就像长江水永远东流，冲破险阻。面对风险挑战，关键是不因为阻碍而止步。要实现产业链供应链的韧性与安全，需顺应产业发展大势，保持战略定力，瞄准方向，以改革为动力。只有这样，才能在各种风险中提升韧性，确保安全，更好引领未来，实现中华民族伟大复兴。

永葆"赶考"的清醒和坚定

孙宜芳

孙宜芳,复旦大学马克思主义学院博士后,现为中共广州市委党校(广州行政学院)党史党建教研部副主任、副教授,广东省习近平新时代中国特色社会主义思想研究中心特约研究员。所授课程先后被评为广州市、广东省党校系统精品课。主要从事中共党史党建、马克思主义中国化等方面的教学与研究工作,先后主持完成省部级、博士后科学基金、厅局级项目等科研项目10余项,公开出版学术专著2部,在CSSCI、中文核心等各类学术期刊、网络、报纸上公开发表学术论文40余篇,被认定为"广州市高层次人才(青年后备人才)"。

党的十八大以来,习近平总书记着眼于中华民族伟大复兴战略全局和世界百年未有之大变局的宏阔视野,多次以"赶考"命题来警示和激励全党。习近平总书记指出:"我们党是世界上最大的马克思主义执政党,要巩固长期执政地位、始终赢得人民衷心拥护，必须永葆'赶考'的清醒和坚定。"① 那么，何谓"赶考"呢？旧意，指的是前去参加科举考试。最早把"赶考"情结与中国共产党人的命运紧密连接起来的是毛泽东。新中国成立前夕，1949年3月23日，党中央从西柏坡起程前往北平。临行前，毛泽东对周恩来说："今天是进京的日子，进京赶考去。"周恩来说："我们应当都能考试及格，不要退回来。"毛泽东又说："退回来就失败了。我们决不当李自成，我们都希望考个好成绩。"② 毛泽东把"进京"引申为"赶考"命题，凸显出进京之于中国共产党的重要意义，彰显出中国共产党人"考个好成绩"的使命担当和"不要退回来"的警醒意识，以及"决不当李自成"的坚定信念。从新中国成立，到中国特色社会主义进入新时代，六七十年过去了，党的十八大以来，习近平总书记多次强调"赶考"命题，并把中国共产党比喻为一个考生，就是要求我们必须回答好如何正确对待考试（识考），如何准备考试（备课），如何积极参加考试（应考）的问题，这才能在新的"赶考"中考出好成绩。

一、命题生成：对标问卷要求精准识考

对于一个考生来说，要取得考试的优异成绩，首先就是要精准识考，并坚定地知道自己为什么"考试"。中国共产党必须

---

① 《高举中国特色社会主义伟大旗帜　奋力谱写全面建设社会主义现代化国家崭新篇章》，《人民日报》2022年7月28日。

② 《毛泽东年谱（1893~1949）》（修订本）下卷，中央文献出版社2013年版，第470页。

"赶考",是由多个方面的原因决定的。

(一)历史维度:"赶考"是中国共产党传承历史的必然要求

第一,"赶考"传承于中华优秀传统文化的政治基因。在中华优秀传统文化意境中,不管是对于古代的学子本人,还是对于封建王朝来说,"赶考"都至关重要。对于学子来说,"赶考"是改变人生命运的重要举措,是通往仕途的重要路径。唐代孟郊《登科后》有云"昔日龌龊不足夸,今朝放荡思无涯。春风得意马蹄疾,一日看尽长安花"①,把学子们金榜题名后,能够改变生活上的困顿和即将步入春风得意的仕途生活,描写得淋漓尽致。对于封建王朝来说,通过"赶考",可以选出治国安邦的优秀学子,充实封建王朝的官僚队伍,对于维护封建统治具有重要的价值。可以说,经过长时间发展,"赶考"已经成为融入中华民族血脉中的精神文化,潜移默化塑造中华民族的价值观念、思想理念,为中国共产党人提出"赶考"命题提供了重要的文化养分。事实上,毛泽东提出"进京赶考"命题,就颇具历史感,且意味深长。习近平总书记多次重提"赶考"命题,与毛泽东一样,也是传承于中华优秀传统文化中的"赶考"思想。

第二,"赶考"传承于无产阶级政党建设的历史总结。自1848年《共产党宣言》发表后,无产阶级政党在革命的探索历程中,推动社会主义实现了从理论到实践的飞跃。从第一国际和巴黎公社,到十月革命胜利与第一个社会主义国家的建立,无产阶

---

① [唐]孟郊著,华忱之、喻学才校注:《孟郊诗集校注》,人民文学出版社1995年版,第154页。

级政党在革命的探索历程中，不断总结着政党建设的历史经验，为中国共产党"赶考"命题生成奠定了重要历史基础。考察相关资料，马克思、恩格斯没有为我们留下"赶考"概念，但是列宁在论述无产阶级政党建设的任务时，却提出过"赶考"的问题。1922年，列宁在《俄共（布）中央委员会政治报告》中，明确把从战时共产主义向新经济政策顺利过渡比作一场"严峻的考试"，他说："通过这次考试所需要的一切，除了本领，我们要什么有什么，既有政治权力，又有各种经济资源和其他资源。就是缺本领。如果我们能从过去一年的经验中吸取这个简单的教训，把它当作我们在整个1922年的行动指南，那我们就连这个困难也能战胜。"[①] 显然，这就是把共产党员有没有本领作为能否考试及格的关键。可见，"赶考"命题的提出，是传承于无产阶级政党建设的历史总结。

第三，"赶考"是承续中国共产党伟大奋斗的必然选择。中国共产党在100多年奋斗历程中始终不忘初心、牢记使命，在前进过程牺牲了无数革命烈士，创造了伟大成就，创造了以伟大建党精神为源头的中国共产党人的精神谱系，为中国共产党战胜一切困难提供了宝贵的精神动力支持，也为中国共产党从自身奋斗史中传承"赶考"提供了坚实的底气。可以说，新民主主义革命时期，党在团结带领中国人民浴血奋战、百折不挠，考出新民主主义革命伟大成就的好成绩。社会主义革命和建设时期，党团结带领中国人民自力更生、发愤图强，考出社会主义革命和建设伟大成就的好成绩。改革开放和社会主义现代化建设新时期，党团结带领中国人民解放思想、锐意进取，考出改革开放和社会主义

---

① 《列宁选集》第4卷，人民出版社1995年版，第669页。

现代化建设伟大成就的好成绩。党的十八大以来，党团结带领中国人民自信自强、守正创新，考出新时代中国特色社会主义伟大成就的好成绩，等等，都是中国共产党承续伟大奋斗的历史必然。习近平总书记多次重提"赶考"命题，要求全党必须永葆"赶考"的清醒和坚定，就源自中国共产党人深厚的"赶考"情结，源自党承继"赶考"精神的必然选择，是党对在"赶考"路上考出好成绩的长远考量。

（二）现实维度：世情党情国情带来严峻挑战

习近平总书记指出："当前，我国发展面临着前所未有的风险挑战，既有国内的也有国际的，既有政治、经济、文化、社会等领域的也有来自自然界的，既有传统的也有非传统的，'黑天鹅'、'灰犀牛'还会不期而至。"① 习近平总书记还具体指出了当前党面临的风险挑战，主要包括防范化解政治、意识形态、经济、对美经贸斗争、科技、社会、对外工作、党自身建设等 8 个领域的重大风险等等。显然，世情党情国情给党带来的严峻挑战，也是中国共产党必然清醒和坚定"赶考"的重要原因。

第一，从世情来看，当今世界正处于百年未有之大变局的加速演进中，处于大发展大变革大调整时期，世界范围内有很多不稳定性、不确定性因素，给党在"赶考"路上考出好成绩带来严峻挑战。一是世界多极化向前推进的态势虽然不会改变，但国际格局演变依然复杂。目前世界格局正朝着多极化的方向加速演进。一大批新兴国家和发展中国家崛起已经成为不可阻挡的历史潮流，新兴国家与西方大国之间竞争面显著上升，对抗性增大。二是经

---

① 《习近平谈治国理政》第 4 卷，外文出版社 2022 年版，第 513 页。

济全球化的进程虽然不会改变，但世界经济进入深度调整期。当今世界经济虽然迎来了逐步向好的势头，但国际范围内保护主义严重，治理主体缺位、治理机制滞后和治理规范陈旧等，导致全球经济整体复苏艰难曲折，面临许多风险和不确定性因素。三是和平与发展的时代主题虽然不会改变，但要充分估计国际矛盾和斗争的尖锐性。当前，人类仍面临诸多难题和挑战，除军事、政治、外交等方面的传统安全之外，一些国家政局变化对国际形势的影响值得高度关注，非传统安全如恐怖主义、极端主义、分裂主义、大规模杀伤性武器扩散等日益成为影响人类生存和经济社会可持续发展的严峻问题，维护世界和平与促进共同发展的任务依然任重道远。四是新一轮科技革命和产业变革推动世界格局加速演进。在新一轮科技革命和产业变革推动下，国际政治、经济、文化、安全出现了重大变化。对于我国来说，我们面临着产业结构转型升级、发掘新的经济增长点、解决新的结构性矛盾等严峻挑战。

第二，从党情来看，我们正面临着全面加强党的领导和党的建设的重任。办好中国的事情，关键在党。只有把党建设得更加坚强有力，党才能在"赶考"路上考出好成绩。然而，一方面，党内存在着一些突出问题。党的十八大以来，以习近平同志为核心的党中央坚持全面从严治党，取得显著成效，解决了许多长期没有解决的顽瘴痼疾。但是，党面临的"四大考验""四大危险"长期存在，党内存在的思想不纯、政治不纯、组织不纯、作风不纯等突出问题尚未得到根本解决。党内存在的这些问题，都清晰地告诉我们，关键就在于时刻保持解决大党独有难题的清醒和坚定，下大气力解决好这些问题，把党建设得更加坚强有力，才能为"赶考"提供坚强的政治保证。另一方面，世界上其他一些政党兴衰成败的经验教训也在时刻警示着我们。放眼全球，历史上有很多颇具影响的大党、老党，在成立之后特别是达到巅峰时期，是何等荣耀、何等引人注目、何等雄心勃勃。但是，由于缺乏警醒意识，导致执政党腐化堕落、严重脱离群众而失去政权的例子不胜枚举。苏联共产党在拥有20万党员时，推翻了沙俄，建立了苏维埃政权，在拥有200万党员时，打败德国法西斯，保卫了政权。然而，在苏联共产党拥有2000万党员时，却失去了政权，失去了执政资格。究其原因，虽然有在思想理论上马克思主义教条化、思想僵化等原因，但是，最根本最主要的，还是因为苏联共产党长期忽略了党的建设，管党治党不严，思想混乱，纪律松弛，队伍涣散，腐败丛生，丧失了凝聚力和战斗力。以至于在苏联后期，有很大一部分苏共党员都不再忠诚于自己的党，在戈尔巴乔夫宣布解体苏联的时候，竟然没有一个人站出来反对。对此，习近平总书记认识得非常清楚，他指出："大量事实告诉我们，腐败问题越演越烈，最终必然会亡党亡国！我们要警醒啊！"[①] 这就是提醒全党务必保持清醒和坚定的态度解决腐败问题，解决当前党内存在的一些问题，才能确保党更好地走好"赶考"路。

第三，从国情来看，当前我国仍然面临发展中的许多困难和挑战。对国情保持清晰的认识，是中国共产党在百年奋斗中作出正确决定和创造一切成就的基础和前提。党的十八大以来，习近平总书记之所以多次提到"赶考"命题，很重要的一个直接原因，就是基于当前国情的科学判断。

在100多年奋斗历程中，党团结带领全国人民取得了世界瞩目的伟大成就。但是，我国仍然是世界上最大的发展中国家，仍

---

① 《习近平谈治国理政》第1卷，外文出版社2018年版，第16页。

处于并将长期处于社会主义初级阶段；社会生产力水平还比较低，科学技术水平、民族文化素质还不够高；人口基数大，人均资源占有量少等，仍然是我国的基本国情。党的十八大以来，在以习近平同志为核心的党中央坚强领导下，党虽然团结带领人民攻克了许多长期没有解决的难题，但是我们还必须清醒看到，我们的工作还存在一些不足，还面临不少困难和挑战。党的二十大将其概括为："发展不平衡不充分问题仍然突出，推进高质量发展还有许多卡点瓶颈，科技创新能力还不强；确保粮食、能源、产业链供应链可靠安全和防范金融风险还须解决许多重大问题；重点领域改革还有不少硬骨头要啃；意识形态领域存在不少挑战；城乡区域发展和收入分配差距仍然较大；群众在就业、教育、医疗、托育、养老、住房等方面面临不少难题；生态环境保护任务依然艰巨。"① 对中国共产党来说，必须清醒和坚定地解决好我国发展过程中存在的这些问题，才能赢得最广大人民的拥护和支持，更好地走好"赶考"之路。

（三）未来维度：党的使命任务完成任重道远

从长远目标来看，就是实现共产主义。从现阶段目标来看，就是实现中华民族伟大复兴。在党的二十大报告中，习近平总书记将现阶段目标具体描绘为："从现在起，中国共产党的中心任务就是团结带领全国各族人民全面建成社会主义现代化强国、实现第二个百年奋斗目标，以中国式现代化全面推进中华民族伟大

---

① 《中国共产党第二十次全国代表大会文件汇编》，人民出版社2022年版，第12页。

复兴。"① 同时，我们的使命任务，还有已经写进党章的、历史留给中国共产党的实现推进现代化建设、完成祖国统一、维护世界和平与促进共同发展三大任务，等等，也必然要求中国共产党必须以"永葆"赶考的清醒和坚定完成这些使命任务。

中国共产党是最低纲领与最高纲领的统一论者，不断在实现每一阶段最低纲领的同时，一步步向着最高纲领奋进。中国共产党一诞生，就把实现共产主义作为自己的最高奋斗目标。党的一大通过的第一个纲领指出："革命军队必须与无产阶级一起推翻资本家阶级的政权，必须支援工人阶级，直到社会的阶级区分消除为止。"② 可以说，只要共产主义这个最高目标还没实现，中国共产党就必然永远面临着"赶考"的任务。然而，共产主义的实现不是一蹴而就的，还有很长的路要走，恰如习近平总书记所指出的："想一下子、两下子就进入共产主义，那是不切实际的。邓小平同志说，巩固和发展社会主义制度，还需要一个很长的历史阶段，需要我们几代人、十几代人、甚至几十代人坚持不懈地努力奋斗。几十代人，那是多么长啊！从孔老夫子到现在也不过七十几代人。这样看问题，充分说明了我们中国共产党人政治上的清醒。必须认识到，我们现在的努力以及将来多少代人的持续努力，都是朝着最终实现共产主义这个大目标前进的。"③ 过去的100多年，党所创造的新民主主义革命的伟大成就，社会主义革

---

① 《中国共产党第二十次全国代表大会文件汇编》，人民出版社2022年版，第18页。

② 《建党以来重要文献选编》（1921~1949）第1册，中央文献出版社2011年版，第1页。

③ 《十八大以来重要文献选编》（上），中央文献出版社2014年版，第115页。

命和建设的伟大成就，改革开放和社会主义现代化建设的伟大成就，新时代中国特色社会主义的伟大成就，虽然推动中华民族伟大复兴进入不可逆转的历史进程，但仍然只是实现共产主义的一个历史阶段，现阶段实现中华民族伟大复兴的宏伟目标统一于实现共产主义远大目标之中。正因如此，习近平总书记在庆祝中国共产党成立100周年大会上，就鲜明强调："中国共产党一经诞生，就把为中国人民谋幸福、为中华民族谋复兴确立为自己的初心使命。一百年来，中国共产党团结带领中国人民进行的一切奋斗、一切牺牲、一切创造，归结起来就是一个主题：实现中华民族伟大复兴。"① 然而，我们必须清醒地认识到，党肩负的使命任务，不是敲锣打鼓就能够实现的，在党的二十大报告中，针对中华民族伟大复兴的宏伟目标，习近平总书记告诫全党说："我们比历史上任何时期都更接近、更有信心和能力实现中华民族伟大复兴的目标，同时必须准备付出更为艰巨、更为艰苦的努力。"② 针对推进现代化建设的使命任务，习近平总书记指出："全面建设社会主义现代化国家，是一项伟大而艰巨的事业，前途光明，任重道远。"③ 针对完成祖国统一的历史任务，习近平总书记强调："解决台湾问题、实现祖国完全统一，是党矢志不渝的历史任务，是全体中华儿女的共同愿望，是实现中华民族伟大复兴的

---

① 习近平：《在庆祝中国共产党成立100周年大会上的讲话》，人民出版社2021年版，第3页。

② 《中国共产党第二十次全国代表大会文件汇编》，人民出版社2022年版，第23页。

③ 《中国共产党第二十次全国代表大会文件汇编》，人民出版社2022年版，第66页。

必然要求。"① 针对维护世界和平与促进共同发展的历史任务，习近平总书记指出："我们所处的是一个充满挑战的时代，也是一个充满希望的时代。"② 他还号召："中国人民愿同世界人民携手开创人类更加美好的未来！"③ 习近平总书记的这些论述充分说明，不管是实现共产主义的远大目标，还是现阶段实现中华民族伟大复兴的宏伟目标，以及完成党面临的三大历史任务，都还有很长的路要走，我们必须清醒和坚定地完成这些使命任务，才能为党在"赶考"中考出好成绩提供思想指导。

二、内涵呈现：紧扣考卷主题沉着备考

党的十八大以来，习近平总书记反复多次提及"赶考"命题，不仅强调"永葆"，而不是一时的，而且还强调要"清醒"，更重要的是要"坚定"，充分说明中国共产党的"赶考"缘由，不仅仅是因为有历史、现实等问题的倒逼，而是还有着更为深层次的缘由。中国共产党只有紧紧聚焦"赶考"本身，紧扣考卷的主题，真正搞明白究竟要考的是什么，"赶考"的科学内涵等深层次问题，才能让党在有历史支撑、现实倒逼的直接因素下，更加清醒和坚定的走好新的"赶考"路。

---

① 《中国共产党第二十次全国代表大会文件汇编》，人民出版社 2022 年版，第 48 页。

② 《中国共产党第二十次全国代表大会文件汇编》，人民出版社 2022 年版，第 52 页。

③ 《中国共产党第二十次全国代表大会文件汇编》，人民出版社 2022 年版，第 52 页。

"赶考"的科学内涵是什么？由于"赶考"的主体是中国共产党，因而，对于"赶考"科学内涵的考察，归根到底，还是要回归到对中国共产党本身这个政党的科学认识上来。习近平总书记指出："我在党的十九大报告开宗明义就强调不忘初心，牢记使命。这个话，党的十八大以来我反复在讲，目的就是提醒全党不要忘了中国共产党是什么、要干什么这个根本问题，不要在日益复杂的斗争中迷失了自我、迷失了方向。"[①] 可见，对于"赶考"科学内涵的理解，必须紧紧围绕"中国共产党是什么、要干什么这个根本问题"展开。其中，"中国共产党是什么"，是对党的性质和宗旨的审问。"中国共产党要干什么"，包括中国共产党的任务是什么，要实现什么样的目标，能不能实现这样的目标，或者有没有能力实现目标等一系列问题。我们把"中国共产党是什么、要干什么这个根本问题"涉及的所有问题汇总到一起，大致上概括出"赶考"需要具备三个方面的要件：第一个是本质问题。中国共产党只有坚守初心使命、本质不变，才能确保"赶考"的方向。本质问题决定着"赶考"的方向，彰显出中国共产党"赶考"的价值和根本追求。第二个是资格问题。中国共产党要有考籍，才有资格去"赶考"。这个考籍、这个资格，就是长期执政。资格问题实际上就是长期执政的问题。第三个是能力问题。中国共产党要有"赶考"能力，能解决好"赶考"进程中出现的各种难题。如果解决不了这些难题，或者没有"考试"的能力，党长期执政的地位就岌岌可危了，可见，"赶考"的能力，实质上就是执政的能力、解决问题的能力，是中国共产党长期执

[①] 《习近平关于"不忘初心、牢记使命"论述摘编》，党建读物出版社、中央文献出版社 2019 年版，第 15 页。

政和实现本质目标的根本保障。这三个问题共同形成了对"中国共产党是什么、要干什么这个根本问题"包含的所有内容的系统回答。准确把握"赶考"的这一科学内涵,是中国共产党在精准审题的基础上,沉着备考答好"赶考"问卷必须把握的基本要求。

(一)本质问题:"赶考"的根本价值追求

结合习近平总书记提出的"中国共产党是什么、要干什么这个根本问题",可以发现,"中国共产党要干什么",完全是由"中国共产党是什么"来决定的。"中国共产党是什么"是基础,是两个根本问题的根本所在。党章明确指出:"中国共产党是中国工人阶级的先锋队,同时是中国人民和中华民族的先锋队。"[1]以党内法规最高准则的形式,规定了中国共产党是代表中国人民和中华民族的党。这就说明,为了人民,为了中华民族,就是中国共产党永恒的根本追求。同时这也表明,"为什么人"的问题,是中国共产党一切思想和行为的本质问题。正因如此,习近平总书记在哲学社会科学工作座谈会上的讲话中指出:"为什么人的问题是哲学社会科学研究的根本性、原则性问题。"[2] 也是永葆"赶考"的清醒和坚定必须坚持的根本性、原则性问题。

中国共产党"赶考"的历程、"赶考"情怀的生成和"赶考"命题的提出,内在地包含着对"为什么人"的深刻回答。"为什么人"的问题,体现在党的性质宗旨上,具体来说,体现

---

[1] 《中国共产党章程》,人民出版社2022年版,第1页。

[2] 《习近平关于社会主义文化建设论述摘编》,中央文献出版社2017年版,第77页。

在彻底地全心全意为人民服务上。延安时期，毛泽东就指出："我们的共产党和共产党所领导的八路军、新四军，是革命的队伍。我们这个队伍完全是为着解放人民的，是彻底地为人民的利益工作的。"① 毛泽东用"解放人民""彻底地为人民的利益工作"这样的词汇来深刻表达出对人民利益的高度关切，展现着中国共产党肩负解放人民、服务人民的崇高使命，为中国共产党抓好最广大人民这个根本问题提供了根本遵循。需要意识到，"为什么人"或者全心全意为人民服务这个根本问题，是具体的、历史的，不同时期、不同阶段表现和要求有所不同。

一方面，不同时期、不同阶段人民概念的内涵、范畴有所不同。准确把握这个问题，才能有针对性地弄清服务对象，更好地服务人民。大革命时期，人民就是无产阶级、半无产阶级、小资产阶级。1926年3月，毛泽东曾在《中国社会各阶级的分析》一文中，运用阶级分析方法对中国社会各阶级进行了全面的分析。他指出："工业无产阶级是我们革命的领导力量。一切半无产阶级、小资产阶级，是我们最接近的朋友。"②

尽管这时毛泽东还没有明确使用人民概念，但从推动中国革命发展的角度来看，无产阶级、半无产阶级、小资产阶级显然属于人民概念的范畴。到了抗日战争时期，由于日本侵略导致国内主要矛盾发生变化，民族矛盾上升为主要矛盾。这时毛泽东就根据新的政治形势，适时地制定了抗日民族统一战线的政策方针。这一时期人民概念的范畴，就包括一切坚持抗战的阶级、阶层和社会团体。1942年5月，毛泽东在《在延安文艺座谈会上的讲

---

① 《毛泽东选集》第3卷，人民出版社1991年版，第1004页。
② 《毛泽东选集》第1卷，人民出版社1991年版，第9页。

话》中指出:"什么是人民大众呢?最广大的人民,占全人口百分之九十以上的人民,是工人、农民、兵士和城市小资产阶级。"① 解放战争时期,国内主要矛盾再次发生变化。这时中国人民同美帝国主义支持的国民党反动派的矛盾成为中国社会的主要矛盾,因此,这一时期人民概念是指反美反蒋的一切的阶级、阶层和社会集团。新中国成立后,特别是在完成社会主义改造之后,原来经济意义上地主阶级、资产阶级已经不复存在。国内主要矛盾已由阶级斗争转向经济建设,历史发展新形势要求对人民概念作出新的界定。1957 年 2 月,毛泽东在《关于正确处理人民内部矛盾的问题》一文中强调:"在现阶段,在建设社会主义的时期,一切赞成、拥护和参加社会主义建设事业的阶级、阶层和社会集团,都属于人民的范围;一切反抗社会主义革命和敌视、破坏社会主义建设的社会势力和社会集团,都是人民的敌人。"②

改革开放以来,邓小平又进一步丰富发展了人民概念的科学内涵,他指出:"我国的统一战线已经成为工人阶级领导的、工农联盟为基础的社会主义劳动者和拥护社会主义的爱国者的广泛联盟。"③ 这样,就在人民概念的"社会主义标准"之外增加了"爱国主义标准",拓宽了人民概念的内涵和外延。党的十八大以来,习近平总书记也结合新的时代发展,进一步丰富和发展了人民概念的科学内涵。在党的十九大报告中,习近平总书记强调:"中国共产党同全国各民族工人、农民、知识分子团结在一起,同各民主党派、无党派人士、各民族的爱国力量团结在一起,进

---

① 《毛泽东选集》第 3 卷,人民出版社 1991 年版,第 855 页。
② 《毛泽东文集》第 7 卷,人民出版社 1999 年版,第 205 页。
③ 《邓小平文选》第 2 卷,人民出版社 1994 年版,第 187 页。

一步发展和壮大由全体社会主义劳动者、社会主义事业的建设者、拥护社会主义的爱国者、拥护祖国统一和致力于中华民族伟大复兴的爱国者组成的最广泛的爱国统一战线"①，鲜明增加了"致力于中华民族伟大复兴的爱国者"的内涵。

可见，只有从不同时期、不同阶段人民概念的科学内涵去考察问题，才能真正把握住人民概念的真实含义，把握住全心全意为人民服务这个根本问题。当然，应该注意到，毛泽东、邓小平以及习近平总书记在使用人民概念时，有时候也使用"群众"，或者"人民群众"，这就引发我们思考应该如何去辨析这三个概念。事实上，在中国共产党的政治学词汇中，人民、人民群众、群众大体上可以画等号。除一些特殊情况，比如，在进步意义上，可以说是人民或者人民群众，或者说，人民、人民群众是进步意义的词汇。而群众概念则不一定，有进步意义时，群众就是人民，是人民群众。无进步意义时，群众则不是人民，不是人民群众。马克思曾提出过流氓无产阶级、流氓群众等概念，就是对这个问题进行了说明和解释。

另一方面，不同时期、不同阶段为人民服务的实践要求也有所不同。新民主主义革命时期，为人民服务就是要解放人民，推翻帝国主义、封建主义和官僚资本主义三座大山在中国的统治，让人民站起来，成为国家的主人，等等。在社会主义革命和建设时期，为人民服务就是要顺应人民要求，走社会主义道路，消除一切非社会主义因素，让人们真正掌握生产资料，获得存在和发展的基本条件，等等。在改革开放和社会主义现代化建设新时期，

---

① 《中国共产党第十九次全国代表大会文件汇编》，人民出版社2017年版，第75页。

为人民服务，就体现在大力解放生产力、发展生产力，消灭剥削、消除两极分化，最终实现共同富裕，让中国人民富起来，等等。中国特色社会主义进入新时代之后，为人民服务，就是要在实现中华民族伟大复兴的历史进程中，不断满足人民对美好生活的向往，等等，恰如习近平总书记所指出的，让每一个"生活在我们伟大祖国和伟大时代的中国人民，共同享有人生出彩的机会，共同享有梦想成真的机会，共同享有同祖国和时代一起成长与进步的机会"①。由此可见，准确把握全心全意为人民服务这个根本问题，就要根据时代的变化做出适时调整，才能更好地准确把握中国共产党"赶考"本质。

（二）资格问题："赶考"的政治保证

2013年7月，习近平总书记到西柏坡考察时指出："当年党中央离开西柏坡时，毛泽东同志说是'进京赶考'。60多年过去了，我们取得了巨大进步，中国人民站起来了，富起来了，但我们面临的挑战和问题依然严峻复杂，应该说，党面临的'赶考'远未结束。"② 他还说："从实现'两个一百年'目标到实现中华民族伟大复兴的中国梦，我们正在征程中。'考试'仍在继续，所有领导干部和全体党员要继续把人民对我们党的'考试'、把我们党正在经受和将要经受各种考验的'考试'考好，努力交出优异的答卷。"③ 习近平总书记的讲话，不仅在过去，而且在现

---

① 《习近平谈治国理政》第1卷，外文出版社2018年版，第40页。
② 《习近平关于实现中华民族伟大复兴的中国梦论述摘编》，中央文献出版社2013年版，第85页。
③ 《习近平关于实现中华民族伟大复兴的中国梦论述摘编》，中央文献出版社2013年版，第85页。

在，更重要的是在未来视角上，指明"赶考"是始终萦绕于中国共产党心头的重大考验，内在地彰显出"赶考"是一个长期的过程，是中国共产党矢志不渝的坚定信念，贯穿于中国共产党奋斗的全过程。这个长期过程，实际上就是长期执政。这就表明，习近平总书记重申"赶考"命题，核心就是围绕着党如何长期执政的问题展开的。正因如此，有学者认为，如果说毛泽东当年提出"赶考"命题，是解决进京后如何执政的问题，那么，新时代习近平总书记再提"赶考"命题，则主要思考的是如何长期执政的问题。由此可见，对中国共产党来说，把握"赶考"的资格问题，就要始终围绕着长期执政这个重大问题展开，特别是要深刻理解长期执政之于中国共产党的重大价值，弄清中国共产党为什么必须长期执政的问题。

第一，从政党的目的和性质来看。政党是为执政而服务的有意识形态的组织，是有组织、有目的的团体。一个政党，不管是做了什么，最深层次的目的，通常都是为了获得政权，实现执政目的。尽管也有一些政党不谋求执政目的，但也会为自身利益而积极推广某种思想，或者进行某些社会行为。列宁曾经指出："在通常情况下，在多数场合，至少在现代的文明国家内，阶级是由政党来领导的；政党通常是由最有威信、最有影响、最有经验、被选出担任最重要职务而称为领袖的人们所组成的比较稳定的集团来主持的。"① 所以，如果无产阶级不掌握政权，那就会被别的掌握政权。如果中国共产党不长期执政，那么其他政党就有机会执政甚至长期执政。然而，一段时间以来，由于受"告别革命论"的影响，导致有一种观点认为，中国共产党已经从"革命

---

① 《列宁全集》第39卷，人民出版社1986年版，第21页。

党"转变为"执政党",现在只是"执政党"而不再是"革命党",这种观点甚至一度成为流行的说法。所谓"告别革命论",20世纪90年代开始,部分学者以维护社会"稳定"与"进步"为由,把革命说成是危害社会的洪水猛兽,宣布要告别一切革命。事实上,这种说法在理论上站不住脚,也不符合历史事实,在现实中更是有害。习近平总书记对这个问题也有科学的看法,他曾经对"革命党"与"执政党"的关系问题进行过精辟论述,他说:"有人说,我们党现在已经从'革命党'转变成了'执政党'。这个说法是不准确的。我们党的正式提法是,我们党历经革命、建设、改革,已经从领导人民为夺取全国政权而奋斗的党,成为领导人民掌握全国政权并长期执政的党。"① 他还说:"我们党是马克思主义执政党,但同时是马克思主义革命党。"② 这深刻抓住了马克思主义政党建设的根本,就是说,必须强化执政理念特别是确保长期执政,党才能更好地实现自己的价值主张,进而走好新的"赶考"之路。

第二,从中国共产党的性质和宗旨来看,中国共产党是全心全意为人民服务的政党。中国共产党作为马克思主义政党,致力于实现无产阶级和全人类的彻底解放。只有中国共产党长期执政,党才能更好地掌握国家政权,守卫好人民的根本利益。这一点我们一直在强调。

第三,从使命任务来看,中国共产党是使命型政党。中国共

---

① 习近平:《坚持和发展中国特色社会主义要一以贯之》,《求是》2022年第18期。

② 习近平:《坚持和发展中国特色社会主义要一以贯之》,《求是》2022年第18期。

产党立志于中华民族千秋伟业，百年恰是风华正茂。中国共产党基于使命而生、基于使命而在，是一个典型的马克思主义使命型政党，这一政党类型决定了中国共产党与其他任何类型政党具有根本区别。从政党目标来看，中国共产党的最终目标是实现共产主义，只要这一目标没有实现，党就必须长期执政。

（三）能力问题："赶考"的重要保障

中国共产党究竟需要具备什么样的能力，是根据形势和时代的变化而确定的，是历史的、具体的。作为一个使命型政党，在不同阶段，党应该具备的能力，也会有所不同。从长远目标来看，中国共产党要长期执政，首先就应该具备长期执政的能力，这个能力是不变的。只有具备长期执政的能力，党才能在"赶考"的长远路上战胜一切艰难险阻。但是，由于每一阶段的任务和目标不一样，因而党在每一阶段都应该保持强大的执政能力，才能战胜每一阶段遇见的艰难险阻，才符合长期执政的根本要求，而要确保党在每一阶段有强大的执政能力，并确保党长期执政，必须由千千万万共产党员在不同阶段都具有不同的强大能力。如此说来，党应该具备的能力，实质上就包含着整体意义上的执政能力和个体意义上的党员干部的能力。

一方面，对于整体意义上的党的执政能力而言，由于形势和任务不同，因而要求也有所不同。虽然我们很难具体说清楚应该具备哪些能力，但总体要求是，必须围绕着夯实党的执政基础来考察这个问题，比如，包括攻坚克难的能力、为人民服务的能力，等等。由于党的执政能力必须落脚到党员干部个体视角上才显得更有意义，所以，我们重点考察党员干部个体意义上的能力。

另一方面，由于党在"赶考"路上需要具备的能力，是历史的、具体的，不同阶段对党员个体的能力要求就有所不同。在新民主主义革命时期，面对腥风血雨、你死我活的革命斗争，党亟须党员干部具备懂军事、肯牺牲、能战斗的能力；面对"左"、右倾错误给党带来的严峻挑战，我们就亟须党员干部具备懂理论、有原则、有信仰的能力；等等。在社会主义革命和建设时期，面对如火如荼的社会主义建设，党亟须党员干部具备懂经济、能奉献、愿吃苦的能力，等等。在改革开放和社会主义现代化建设新时期，面对市场经济的冲击，我们则亟须党员干部具备经得起诱惑、守得住底线、能够开拓创新的能力，等等。

党的十八大以来，习近平总书记紧紧围绕党始终具备强大的执政能力和领导水平，结合党肩负的使命任务和世情党情国情面临的一系列挑战，对党员干部应该具备的能力进行了深入思考，先后发表了一系列重要论述，为全党更好地提升亟须必备的能力和加强党的执政能力建设、提高党的执政水平提供了科学指南。针对全党亟须具备的思维能力，习近平总书记提出，"不断提高战略思维、历史思维、辩证思维、系统思维、创新思维、法治思维、底线思维能力"①。为全党培养科学思维能力提供了指导。针对年轻干部的能力问题，习近平总书记明确要求，年轻干部要提高政治能力、调查研究能力、科学决策能力、改革攻坚能力、应急处突能力、群众工作能力、抓落实能力，为领导干部特别是年轻干部提升能力提供了重要指导。

习近平总书记不仅对"赶考"路上党员干部必须具备的能力进行了系统概括，而且还对党员干部应该重点抓哪些能力提出了明确要求。在习近平总书记看来，政治能力和理论素养是党员干

---

① 《习近平著作选读》第 1 卷，人民出版社 2023 年版，第 17 页。

部必须具备的两个重要能力。其中，政治能力是第一位的，理论素养是最根本的。之所以说政治能力是第一位的，是因为"只有从政治上分析问题才能看清本质，只有从政治上解决问题才能抓住根本"①，才能更精准地把握住党员干部能力的实质。关于理论素养是最根本的，习近平总书记指出："年轻干部要胜任领导工作，需要掌握的本领是很多的。最根本的本领是理论素养。"② 因为只有具备了理论素养，才能认清大是大非，坚定政治意志、提升政治能力，进而在强大政治能力的牵引下，在理论素养的支撑下，提升各方面的能力。

总的来说，"赶考"的本质、"赶考"的资格、"赶考"的能力是完整的统一体，不是孤立的存在，它们相辅相成、彼此融入、协同发力，每一个内容都内在地包含着对其他两个问题的观照，共同构成"赶考"的科学内涵。其中，本质问题是"赶考"的根本追求、核心目的，中国共产党"赶考"的一切思想行为，都是围绕着"为什么人"这个根本问题出发的。资格问题是"赶考"的政治保证，中国共产党只有确保长期执政，才能走好每一步"赶考"路，才能确保有资格追求"赶考"的本质这个根本问题。能力问题是"赶考"的重要保障，是必须符合"赶考"本质和"赶考"资格要求的素质，这三个问题协同建构出"赶考"的科学内涵，回答了"赶考"究竟考什么、清醒什么、坚定什么的问题，内在包含着一条为了解决问题（能力）——长期执政（执政）——"为什么人"（人民）的逻辑理路。有了对这三个问题

---

① 《习近平谈治国理政》第 3 卷，外文出版社 2020 年版，第 98 页。
② 《筑牢理想信念根基树立践行正确政绩观　在新时代新征程上留下无悔的奋斗足迹》，《人民日报》2022 年 3 月 2 日。

的精准把握，中国共产党就能够在备好考题的基础上，以永葆"赶考"的清醒和坚定，走好脚下每一步前行路奠定扎实根基。

三、实践路径：把握答卷规律自信应考

在庆祝中国共产党成立 100 周年大会上，习近平总书记庄严地向全世界宣告："过去一百年，中国共产党向人民、向历史交出了一份优异的答卷。现在，中国共产党团结带领中国人民又踏上了实现第二个百年奋斗目标新的赶考之路。"① 中国共产党这个考生，在精准识考、沉着备考的基础上，还要在考试中自信从容地应考，才能考出新的"赶考"之路的好成绩。

（一）始终坚持"赶考"的基本经验

过去的 100 多年，党在一路"赶考"中形成了宝贵经验，如习近平总书记在中国共产党成立 100 周年大会上提出的"九个必须"，以及《中共中央关于党的百年奋斗重大成就和历史经验的决议》总结的"十个坚持"等，都可以说是中国共产党"赶考"的经验。根据实践是以改造世界为目的、主体与客体之间通过一定中介相互作用的活动，我们就可以把党的"赶考"经验概括为最主要最关键的三个内容。

第一，从主体视角看，必须坚定党对"赶考"的领导。习近平总书记指出："中国有了中国共产党执政，是中国、中国

---

① 习近平：《在庆祝中国共产党成立 100 周年大会上的讲话》，人民出版社 2021 年版，第 22 页。

人民、中华民族的一大幸事。只要我们深入了解中国近代史、中国现代史、中国革命史,就不难发现,如果没有中国共产党领导,我们的国家、我们的民族不可能取得今天这样的成就,也不可能具有今天这样的国际地位。在坚持党的领导这个重大原则问题上,我们脑子要特别清醒、眼睛要特别明亮、立场要特别坚定,绝不能有任何含糊和动摇。"① 在新的"赶考"路上,必须坚定不移坚持党的领导,党才能考出好成绩。

在当前,坚持党的领导,必须在坚持中不断完善党的领导和加强党的建设。一是要坚决维护党中央权威和集中统一领导这个"主心骨",确保"赶考"有力量。在新的"赶考"路上,必须坚决维护党中央权威和集中统一领导,坚持以党的政治建设为统领,确保全党集中统一,特别是忠实拥护"两个确立",坚决做到"两个维护"。二是要坚持把党建设得更加坚强有力这个"基本盘",确保"赶考"不松劲。要全面贯彻落实新时代党的建设总要求。三是要坚持全面从严治党这个"高压线",确保"赶考"不越界。党的二十大报告强调:"全面从严治党是党永葆生机活力、走好新的赶考之路的必由之路。"② 我们必须坚持全面从严治党,持之以恒推动全面从严治党向纵深发展。四是要坚持自我革命这个"金钥匙",确保"赶考"有动力。要自觉用好自我革命这一宝贵经验,要坚持以纪律管党、以作风兴党、以反腐治党,坚持反腐败这个最大的自我革命;要勇于正视错误、修正错误,坚决革除党内存在的毒瘤;要着力建设忠诚干净担当的高素质干

---

① 《习近平谈治国理政》第2卷,外文出版社2017年版,第20页。
② 《中国共产党第二十次全国代表大会文件汇编》,人民出版社2022年版,第58页。

部队伍；要不断完善党的自我革命制度规范体系；等等。

第二，从方法视角来看，必须不断提高解决问题的能力。党能创造"赶考"的伟大成就，根本路径就是在"赶考"过程中始终聚焦我们正在做的事情，解决时代提出的一系列重大理论和实践课题。永葆"赶考"的清醒和坚定，必须不断提高解决问题的能力。对广大党员干部来说，不断提高解决问题的能力，方法是：一靠组织培养，二靠自身努力。

从组织培养的角度来看，就是要贯彻新时代党的组织路线，始终围绕着建设忠诚干净担当的高素质干部队伍这个关键问题，重点做好干部培育、选拔、管理、使用工作；加强对全党进行马克思主义的教育，强化全党的思想淬炼、政治历练、实践锻炼、专业训练，按照党中央和习近平总书记的要求，党员干部要在"政治上、思想上、能力上、担当上、作风上、自律上要强，做到对党忠诚，敢于挑急难险重的担子，敢于到条件艰苦、环境复杂的岗位锻炼，脚踏实地、一步一个脚印干"；等等。

从党员干部的自身努力来说，根本要求就是既做到政治过硬，又做到本领高强。具体来说，就是要不断增强政治能力，不断提高政治判断力、政治领悟力、政治执行力，善于从政治上看问题，切实强化个人政治素质。要在实践中锻炼，不断积累经验、掌握方法、锤炼艺术，多经历几次"风吹浪打"，多捧几个"烫手山芋"，多当几回"热锅上的蚂蚁"，经受住摔打磨炼，等等，从而在不断提升个人能力基础上，为党在"赶考"路上考出优异成绩贡献力量。

第三，从根本力量上来说，必须坚持以人民为中心"赶考"。习近平总书记指出："时代是出卷人，我们是答卷人，人民是阅卷人。"① 新的"赶考"路上，能不能考好答卷，都要由人民说了算。我们必须清醒和坚定认识"人民是阅卷人"的深刻涵义，那就是：必须坚持以人民为中心，在实践中坚持一切为了人民，一切依靠人民，一切成果由人民享有，党才能在新的"赶考"路上考出好成绩。

坚持以人民为中心，始终是中国共产党矢志不渝的价值追求。毛泽东和民主人士黄炎培关于历史周期率之问的"窑洞对"，也充分说明了这个问题。毛泽东提出的民主监督这条路径，凸显了人民群众的历史主体地位，展现了中国共产党坚持以人民为中心跳出历史周期率的高度自信，它与习近平总书记给出的"第二个答案"，即自我革命，共同构成了中国共产党跳出历史周期率的两个答案。在二者的关系上，民主监督与自我革命有机结合、相辅相成，一个在外、一个在内，共同推动着中国共产党在"赶考"路上以自信应考的心态，始终保持初心、坚守使命。

新的"赶考"路上，我们清醒把握以人民为中心，一是必须坚持一切为了人民。要强化党员干部对人民的感情，要高度重视培养党员干部的人民情怀，不断增加对人民群众的深厚感情，永远保持为人民服务的政治本色，不断满足人民对美好生活的向往，切实把一切方针政策落脚到人民身上，真正解决人民的现实问题。二是必须坚持一切依靠人民。要筑牢对群众力量的高度认可，牢牢坚持人民主体地位，把党的群众路线贯彻到治国理政全部活动之中，激发出亿万群众创造历史的主体动能。要善于倾听人民群众的意见，切实倾听群众呼声，自觉做群众的学生，通过不断向群众学习，启发工作思路，拿出破解难题的实招硬招。三是必须

---

① 《习近平谈治国理政》第 3 卷，外文出版社 2020 年版，第 70 页。

坚持一切发展成果由人民享有。要坚持维护好最广大人民群众的根本利益，从最广大人民的根本利益出发谋发展、促发展。在一切决策中，首先考虑到群众利益，从群众利益出发而不是其他利益出发去思考问题，坚决防止与群众争利益。要把各方面取得的成果，体现在群众身上，体现在不断提高人民的生活质量和健康水平上，体现在充分保障人民享有的经济、政治、文化、社会等各方面权益上。

（二）必须坚持中国共产党的显著优势

"赶考"的伟大成就，是中国共产党创造的，我们必须始终坚持党的显著优势，才能继续在新的"赶考"路上充分发挥党的优势进而考出好成绩。

第一，坚持马克思主义指导的理论优势。马克思主义是立党立国的根本指南，新的"赶考"路上，我们必须毫不动摇坚持马克思主义的指导，依靠马克思主义强大的解释实践、指导实践、预测未来的功能，为我们认识世界和改造世界提供科学的世界观和方法论。

一是要掌握马克思主义，学习好马克思主义基本原理，坚持读原著、学原文、悟原理，掌握蕴含其中的立场观点方法，坚持从辩证唯物主义和历史唯物主义中汲取科学的世界观和方法论，要学习好马克思主义中国化时代化的成果，着力用马克思主义中国化时代化的最新成果武装头脑、指导实践。二是要不断推进理论创新。要坚持"两个结合"不断推进马克思主义中国化时代化；坚持解放思想、实事求是、与时俱进、求真务实；坚持走群众路线、尊重人民群众首创精神；坚持从自身经验和国外发展的历史经验中，汲取智慧和营养推进理论创新。三是要坚持理论武装。在掌握马克思主义、创新马克思主义的基础上，真正运用马克思主义的立场观点原理解决现实问题。在当前，特别是要用习近平新时代中国特色社会主义思想武装头脑、指导实践。

第二，坚定正确道路指引的旗帜优势、方向优势。习近平总书记指出："道路问题是关系党的事业兴衰成败第一位的问题，道路就是党的生命。"新的"赶考"路上，我们必须坚定中国特色社会主义道路的指引，一是在发展中丰富完善这条道路的科学内涵，使之成为更加完备的理论体系，更好地指引"赶考"前行路。二是要强化思想认同，增强信心。要在思想上深刻认识到，我们有党的坚强领导，有马克思主义的科学指导，有人民群众的无上支持，就一定能够守护好这条道路。三是要在实践中创造更多成果。要不断创造出更多符合人民期盼，满足人民需要的物质成果、精神成果，让正确道路更多造福中国、造福世界。

第三，坚定理想信念的动力优势。习近平总书记指出："我们共产党人的根本，就是对马克思主义的信仰，对共产主义和社会主义的信念，对党和人民的忠诚。立根固本，就是要坚定这份信仰、坚定这份信念、坚定这份忠诚，只有在立根固本上下足了功夫，才会有强大的免疫力和抵抗力。"[①] 我们所要坚定的理想信念，就是对马克思主义的信仰、坚定对共产主义和社会主义的信念、坚定对党和人民的忠诚。

如何坚定理想信念？最根本的方法，就是在掌握科学的世界观和方法论的基础上，一步步在实践中深化认识、陶冶灵魂。首先，要做到认知上的深化，切实弄清楚这个理想信念究竟"是什

---

① 《时时铭记事事坚持处处上心 以严和实的精神做好各项工作》，新华网 2015 年 9 月 12 日。

么"。其次，做到情感上的认同，进一步深化对"为什么""有什么价值"等问题进行深入思考，达到情感共鸣。再次，要做到意志上坚定。就是在情感认同的基础上，进一步强化理论认识和实践力度，将理想转化为高于天的信仰信念。最后，还要做到行动上的坚决，把坚定的理想信念，转化为维护和践行理想信念的实际行动。这四个方面的内容是内在统一的，它们统一于坚定理想信念的发展过程中，蕴含着一个由低级到高级的渐进发展过程。

党的理论优势决定了党能在"赶考"中科学解决各种问题，方向优势决定了党能在"赶考"中不偏离正确轨道，动力优势决定了党能始终坚定不移应对"赶考"中的各种难题。三个方面是统一的整体。需要注意的是，党的优势还有很多，比如党的制度优势、组织优势等等。但是，在中国共产党诞生之初，在制度不健全、组织机制不健全的情况下，党仍然也取得了"赶考"的优异成绩。所以，这里所说的党的显著优势，指的是中国共产党过去、现在、未来，在"赶考"进程中共同存在的前提下谈到的党的优势，是党的先天优势，不是后面逐渐发展出来的优势。这三个优势，既是党一直在"赶考"路上必须具备的前提条件，又是必要条件，是我们在自信应考中必须坚持好的基本要求。

（三）必须始终保持良好的精神状态

党的十八大以来，习近平总书记提出过关于精神状态的问题。由于很多精神状态不是明确针对"赶考"的，因此，这里讨论的内容，主要是依据习近平总书记针对"赶考"提出过的精神状态。

第一，坚定历史自信的精神状态。习近平总书记明确指出："在新的赶考之路上，我们能否继续交出优异答卷，关键在于有没有坚定的历史自信。"① 这明确回答了"坚定的历史自信"就是我们最大的底气，是新的"赶考"路上我们必须具备的精神风采。

在新的"赶考"路上，我们应该如何弘扬"坚定的历史自信"这种精神状态？一是增强历史自觉，不忘"来时路"。要善于从"赶考"的历史中汲取营养成分，增强信心，看到希望、谋划未来。二是把握历史主动，走好"脚下路"。要积极主动承担历史责任，勇于完成历史使命，踏踏实实做好我们正在做的事情。三是弘扬斗争精神，走好"前行路"。面对前进行程中可能出现的各种风险挑战，要敢于斗争、善于斗争，要掌握斗争艺术，增强斗争本领，学会斗争策略，不断为在新的"赶考"路上开辟未来提供强劲的斗争力量，展现历史自信的风采。

第二，善于团结奋斗的精神状态。在2022年春节团拜会上，习近平总书记强调："我们靠团结奋斗创造了辉煌历史，还要靠团结奋斗开辟美好未来。只要14亿多中国人民始终手拉着手一起向未来，只要9500多万中国共产党人始终与人民心连着心一起向未来，我们就一定能在新的赶考之路上继续创造令人刮目相看的奇迹！"② 可见，团结奋斗就是我们在新的"赶考"路上必须具有的精神状态。这就需要我们在新的"赶考"路上，一方面要团结人民群众，要让14亿多中国人民具有坚定不移跟党走的决心和意志；另一方面要与人民共同奋斗，与人民群众同甘共苦，在与人民群众的共同奋斗中更好地团结最广大的人民群众，从而在新的"赶考"路上，以团结奋斗的精神状态自信地考好每一场考试。

---

① 《习近平谈治国理政》第4卷，外文出版社2022年版，第545页。
② 《习近平谈治国理政》第4卷，外文出版社2022年版，第554页。

第三，勇于变革创新的精神状态。习近平总书记指出："一定要不忘初心、继续前进，永远保持谦虚、谨慎、不骄、不躁的作风，永远保持艰苦奋斗的作风，勇于变革、勇于创新，永不僵化、永不停滞，继续在这场历史性考试中经受考验，努力向历史、向人民交出新的更加优异的答卷！"① 由于"两个务必"是毛泽东提出的，而我们这里讨论的是习近平总书记提出的关于"赶考"的精神状态，所以，在这里，我们重点讨论勇于变革创新的精神状态。

党的十八大以来，以习近平同志为核心的党中央根据形势和时代的变化，勇于变革、勇于创新，在治国理政的生动实践中解决了许多长期想解决而没有解决的难题，办成了许多过去想办而没有办成的大事。历史证明，只有弘扬勇于变革创新的精神品质，我们才能适应不断变化的形势，进而在"赶考"路上从容应对各种难题和挑战。

新的"赶考"之路上继续弘扬勇于变革创新的精神状态，一是要善于运用历史经验。在面对各种难题时，善于从历史中发现智慧，特别是要从那些我们经历过的重大风险挑战中，从成功与失败正反两方面经验教训中汲取营养。二是不断创新思想观念。要在掌握马克思主义的基础上，深入研究和解决"赶考"路上遇到的新情况、新问题，善于换位思考、多角度思考、创造性地思考，勇于突破不合时宜的观念、做法、体制和机制，使变革创新成为一种自觉的思维理念、行为方式、目标追求。三是行动上要主动探索。要把勇于变革创新的思想观念体现在实践中，体现在

---

① 《十八大以来重要文献选编》（下），中央文献出版社 2018 年版，第 359 页。

破解"赶考"路上的一切难题中,通过大胆探索解决前进行程中出现的各种难题。

第四,彻底的革命精神的精神状态。习近平总书记指出:"在全党开展党史学习教育,就是要教育引导全党在开启新征程的关键时刻,继续发扬彻底的革命精神,坚持全面从严治党永远在路上,保持'赶考'的清醒,以新时代党的自我革命引领新的伟大社会革命。"① 彻底的革命精神就是我们在"赶考"中自信应考,考出好成绩必须具备的精神状态。

在新的"赶考"路上,我们要牢记打铁必须自身硬的道理,继续发扬彻底的自我革命精神。一是要坚定彻底革命的决心,自觉用党的创新理论武装全党,增强我们发扬彻底的革命精神的理论底气。二是要坚定彻底革命的勇气。要始终牢记"中国共产党是什么、要干什么这个根本问题"②,务必不忘初心、牢记使命,务必谦虚谨慎、艰苦奋斗,务必敢于斗争、善于斗争,才能不为任何风险所惧,不为任何干扰所惑,以咬定青山不放松的执着,奋力实现既定目标,以行百里者半九十的清醒和坚定,从容自信地答好每一道考题。三是要坚定彻底革命的定力,自觉经受住各种诱惑和考验。要坚决贯彻落实习近平总书记关于党的建设的重要思想,坚持做好反腐败这个最彻底的自我革命,坚定不移推进党风廉政建设和反腐败斗争,坚持以全面从严治党永远在路上的政治自觉,不断增强全党抵御各种考验和各种诱惑的能力,把严

---

① 《习近平重要讲话单行本》(2021年合订本),人民出版社2022年版,第19页。

② 《习近平关于"不忘初心、牢记使命"论述摘编》,党建读物出版社、中央文献出版社2019年版,第15页。

的基调、严的措施、严的氛围长期坚持下去，把党的伟大自我革命进行到底。

坚定历史自信、善于团结奋斗、勇于变革创新、彻底的革命精神，是我们以自信应考的精神状态在新的"赶考"路上取得优异成绩的精神支撑。其中，坚定历史自信是关键，善于团结奋斗是途径，勇于变革创新是动力，彻底的革命精神是保障。这四个精神状态，连同坚持好党"赶考"的宝贵经验，弘扬好党的显著优势共同构成走好新的"赶考"之路的实践指导，是我们必须坚持的实践指南。

习近平总书记在党的二十大报告中已经向全党发出了伟大号召，他指出："党用伟大奋斗创造了百年伟业，也一定能用新的伟大奋斗创造新的伟业。全党全军全国各族人民要紧密团结在党中央周围，牢记空谈误国、实干兴邦，坚定信心、同心同德，埋头苦干、奋勇前进，为全面建设社会主义现代化国家、全面推进中华民族伟大复兴而团结奋斗！"[1] 在新的"赶考"路上，我们必须紧紧围绕着"中国共产党是什么、要干什么这个根本问题"[2]，坚持做到在对标历史、现实、未来维度的问卷要求中精准识考，弄清为什么"赶考"；在紧扣中国共产党"赶考"本质、"赶考"资格、"赶考"能力的考卷主题中沉着备考，深化对"赶考"的理解；在传承好党"赶考"的宝贵经验，弘扬好党的显著优势，并以良好的精神状态砥砺前行的答卷规律中自信应考。这三个部

---

[1] 《中国共产党第二十次全国代表大会文件汇编》，人民出版社2022年版，第59页。

[2] 《习近平关于"不忘初心、牢记使命"论述摘编》，党建读物出版社、中央文献出版社2019年版，第15页。

分构成一条从历史、现实、未来三个维度认识为什么"赶考",并在清醒和坚定地把握"赶考"本质、"赶考"资格、"赶考"能力这个根本问题的基础上,在实践中奋力"赶考"的完整逻辑。把握住这一点,中国共产党就能够以永葆"赶考"的清醒和坚定,在长期执政中把我们正在经受、将要经受,以及未来还要经受的各种考试考好。

以改革为根本动力推动民营经济高质量发展

韩　靓

> 韩靓，现为中共深圳市委党校政治经济学教研部副主任、教授，深圳市委宣讲团成员。主要研究方向为宏观经济学、产业经济学。获广东省委党校系统精品课、深圳市优秀教师荣誉称号。

近年来，民营经济发展问题一直是热点也是难点。支持促进民营企业发展的制度、政策、举措不断出台。在2023年4月二十届中央全面深化改革委员会第一次会议上习近平总书记强调："要把全面深化改革作为推进中国式现代化的根本动力。"① 会议部署了三项改革重点，其中之一就是优化民营经济发展环境，促进民营经济发展壮大。7月国家又出台了促进民营经济发展31条重磅政策，9月国家发展改革委设立民营经济发展局。

那么为什么要把民营经济作为深化改革的重点议题和对象？

---

① 《守正创新真抓实干　在新征程上谱写改革开放新篇章》，《人民日报》2023年4月22日。

是因为还存在一些体制机制障碍阻碍了民营企业发展，也就是生产关系中还有不适应生产力发展的方面和环节，必须通过经济体制改革才得以破除。并且我国过去改革实践形成的经济基础的变化，决定了上层建筑认知的转变，体现为改革理论的发展变化，包括对政府与市场关系的认识不断深化，对市场作用定位发生了变化，对民营企业重要性不断予以强化。而上层建筑中改革理论的发展又反过来指导实践，为通过深化改革促进民营企业发展提供了理论支撑和精神动力。因此，改革促民企发展是马克思主义两对基本矛盾运动规律的内在要求。

本课程主要从历史的、现实的、未来的时间维度来解读深化经济体制改革促进民营企业发展的问题。包括三方面的内容：第一部分，回顾历史。一部民营经济发展史就是一部经济体制改革史，民营企业是改革的产物，改革促进了民营企业发展。第二部分，把握当下。经济体制改革进行时：民营企业的困境与突破，要看目前民营企业发展还存在哪些体制机制障碍？为了破除这些障碍，我们已经采取了哪些改革举措？成效如何？第三部分，展望未来。深化经济体制改革是促进民营企业发展的重点方向，针对民营企业现存问题，下一步就是如何进一步深化经济体制改革，推动民营经济高质量发展。

一、一部民营经济发展史就是一部经济体制改革史

我们先来看第一部分内容，一部民营经济发展史就是一部经济体制改革史。从全国层面和代表性城市——深圳层面两个维度来解读。

（一）中国民营经济发展是经济体制改革持续深化的产物

国家层面，我国民营经济的发展是经济体制改革持续深化的产物。改革开放以来，我国经济体制改革持续地演进和发展，大体经历了四个阶段：1978—1992年有计划的商品经济阶段；1992年党的十四大开始确立和建设社会主义市场经济体制阶段；2002—2012年，完善社会主义市场经济体制阶段；2012年党的十八大后坚持社会主义市场经济改革方向，加快发展社会主义市场经济阶段。对市场的定位从公有制经济"必要的有益的补充"到明确提出建立"社会主义市场经济体制"，将市场在资源配置中的"基础性作用"上升为"决定性作用"，这些逐步深化的改革理论，引领和推进了经济体制改革，促进了民营经济的发展壮大。

我们把时间推回到改革开放初期，看看当时社会氛围、理论导向下的改革是怎样为民营企业发展打开一扇窗口的？

概言之，第一个阶段的改革为民营企业发展打开了窗口，民营经济真正进入蓬勃发展的高潮是在改革理论发展的第二个阶段。1992年邓小平南方谈话提出"三个有利于"标准以及对计划和市场关系的创造性论述，为民营经济发挥平等竞争作用提供了重要的理论基础。随后召开的中共十四大，确立了建设社会主义市场经济体制，真正赋予了民营经济合法地位，成为中国民营经济发展的一个历史节点，从此民营经济进入了发展的新高潮。大批机关干部、知识分子、大专院校师生、复员转业军人纷纷下海创业，涌现出一大批"92派"企业家。

进入新时代，以习近平同志为核心的党中央高度重视民营经济的发展，提出了一系列支持民营经济发展的新理念、新思想、新战略，如"两个都是""三个没有变""自己人"等。

在改革的推动下，我国民营企业经历了从零到"五六七八九"的飞跃，目前我国民营企业贡献了全国50%以上的税收，60%以上的GDP，70%以上的技术创新成果，80%以上的城镇就业岗位，全国90%以上的企业都是民营企业。民营经济成为推动社会主义市场经济发展的重要力量。

（二）深圳深化经济体制改革促进民营经济发展的历史进程

第二个维度——深圳层面。改革是深圳最显著的精神特质，深圳又是全国民营经济发展最活跃的城市代表，两者都是深圳的优势所在。而且没有持续深入的改革，就没有深圳民营经济今天的发展成就。可以说，一部深圳经济特区发展史就是一部不断深化改革促进民营经济发展的历史。因此我们以深圳为典型代表，梳理深化改革促进民营企业发展的历史进程，看看深圳在发展的每一个阶段都进行了哪些改革，改革的每一步是怎么促进民营企业发展的？

深圳民营企业的发展历程共分为三个阶段：

第一阶段：民营经济恢复发展时期，从经济特区成立到1991年。这一时期，深圳率先冲破传统计划经济体制的束缚，确立"以市场为取向"的改革目标，在体制改革方面大胆探索、先行先试。首创劳动用工制度改革，打破铁饭碗，确立劳动合同制；率先进行分配制度改革，打破大锅饭；率先进行企业登记制度改革，企业登记注册由分散审批改为集中审批，并在核定企业经营范围上率先打破部门、行业间的限制，允许企业多种经营。20世纪80年代中期，当许多地方对民营经济的发展尚处于争论、观望阶段的时候，深圳市委、市政府就制定了《关于鼓励科技人员兴办民间科技企业的暂行规定》《深圳经济特区民间科技企业登记注册暂行办法》《关于发展特区私营企业的若干规定》等重要政策。吸引了全国各地大批机关干部和科技人员来特区创办民营企业——尤其是民营科技企业，为搞活民营经济按下了"开启键"。至1991年底，全市民营企业已超千户。

这一阶段的代表性企业相继脱颖而出：1984年万科；1985年中兴，中国最大的通信设备上市公司；1987年华为、招商银行、创维；1988年平安；1991年迈瑞，高端医疗器械研发生产企业，超级独角兽。经过20多年的发展，华为、招商银行、平安、万科都已经挺进了世界500强行列。

第二阶段：民营经济高速发展时期（1992—2011年）。在这一阶段，政府对民营经济的重视与有力支持，是深圳民营经济得以快速发展的关键因素。深圳早在国家出台公司法之前，就于1992年率先出台了《有限责任公司条例》《股份有限公司条例》《合伙条例》等引导企业实行现代企业制度的法律规章，催生了一批按照现代企业制度组建的民营企业，在组织形式上为民营企业的健康发展奠定了良好的基础。党的十四大提出建立社会主义市场经济体制的目标以后，深圳适时调整有关政策，《深圳经济特区民办科技企业管理规定》《深圳经济特区私营企业暂行规定》相继发布，还出台了《深圳企业登记管理规则》等一系列扶持民营经济发展的规范性文件，企业注册由政府"审批制"转变为"准则登记制"，深圳的企业注册登记制度开始与国际惯例接轨，成为当年全国轰动一时的大事。党的十五大确立民营经济是"社会主义市场经济的重要组成部分"的地位以后，深圳在2000年颁布了《关于加快发展个体、私营经济的意见》，使民营企业长期面临的一些实际问题得到解决。

这一阶段的代表性企业有：1993年顺丰、金蝶；1995年比亚迪，先是锂电池研发生产用几年时间超过了日本，后又转战新能源汽车研发生产，2022年已经超过了特斯拉，坐上了全球新能源汽车头把交椅；1998年腾讯，90年代中后期，当时国内互联网产业刚刚起步萌芽，腾讯就在深圳成立了；1999年华大基因，我国最早进入基因测序、生物医药领域的企业之一，全国唯一的国家基因库设立在华大；2001年大族激光，工业激光打印技术世界领先；2006年大疆，用了不到十年时间，生产的消费类无人机占到全球市场份额的70%，也带动了深圳无人机产业的迅速崛起，成为全球"无人机之都"。我们看到，深圳从1995年确立了向高新技术产业转型升级的目标，比全国早了10年，由此推动了比亚迪、腾讯、华大基因、大疆等一系列高新技术企业茁壮成长。

第三阶段：民营经济稳步发展时期，党的十八大之后，进入新时代，深圳改革不止步。2013年在全国率先开启了新商事登记制度改革，降低了进入市场门槛，掀起了新一轮创业热潮。2018年开始陆续推出5.0版本的营商环境改革方案，营商环境持续优化。同时利用前海开发建设和综合改革试点推行契机，为深圳民营企业发展创造了更多制度改革利好机会。深圳在这个阶段随着自主创新型城市建设的推进，进入了创新驱动有质量增长阶段。代表性的企业有：2012年优必选机器人；2014年微众银行，国内首家互联网银行。要么是拥有核心专利技术的高科技公司，要么是采用新的商业模式运作的公司，都很快从独角兽成长为市场估值超过100亿美元的超级独角兽。

民营企业已经成为深圳经济崛起发展的重要动力。对标全国民营企业贡献"五六七八九"的五项指标，前几年，深圳民营企业贡献了深圳全市60%的GDP，与全国持平，70%以上的税收，90%以上的技术创新成果，95%以上的就业岗位，深圳97%以上的企业都是民营企业，后几项指标高出全国10~20个百分点。

目前深圳已经形成大企业顶天立地，小企业铺天盖地的格局。截至2022年，深圳进入世界500强的企业总量已经达到10家。虽然总量不是最多的，但是我们有一点是国内其他城市无法比拟的，就是我们的民营企业进入世界500强的数量全国第一。2023年中国上榜企业135家，其中北京入围53家，上海12家，深圳10家，虽然北京的世界500强企业总量最多，但是绝大部分是央企、国企巨头。如果我们把各城市世界500强中的央企、国企剔除掉再来看，深圳剩7家，北京由53家降到7家，上海2家。中国境内仅有28家民营企业进入世界500强，深圳就占了1/4。

深圳有条网红街道，就是深圳南山区粤海街道。美国对我们挑起的贸易战，大多是国与国宏观的制裁，比如说提高关税。也有具体针对企业展开的制裁和封锁，先后是中兴通讯、华为和大疆。当对大疆的制裁措施出台以后，深圳的网友坐不住了，说这哪里是两国之间的贸易战，这分明是美国针对深圳展开的贸易战，如果再具体一点，就是美国对深圳南山区粤海街道展开的贸易战。因为中兴通讯、华为、大疆这几家公司注册地都在粤海街道。粤海街道一跃进入大家的视野，成了网红街道。其实粤海街道面积不大，只有20平方公里，但是辖区内有近万家企业，光是国家级高新技术企业就有1000多家，83家上市公司，9家独角兽，而且粤海街道以占深圳1%的土地面积，每年创造的GDP产值却超过全市的1/10。正因为辖区内有大量的高科技公司，靠的是创新驱动的力量，实现发展奇迹。

深圳的民营企业也是创新的市场主体。不同于硅谷，深圳不具备高校、科研院所集中，支撑科技创新发展的优势。高校和科研院所短缺一直是制约深圳发展的瓶颈。所以深圳创新依靠的主体是企业。深圳创新呈现6个90%的特征。全市90%以上的研发机构设立在企业，90%以上的研发人员集中在企业，90%以上的研发资金来自企业，90%以上的职务发明专利出自企业。其中绝大部分是民营企业。

从深圳民营企业的发展历程我们可以看到，没有不断深化改革的探索，就没有今天深圳民营企业的发展成就。因此，国家和地方层面都印证了民营企业是改革的产物，改革促进了民营企业发展。

二、经济体制改革进行时，民营企业的困境与突破

我们回顾了经济体制改革促民企发展的历史进程后，第二部分就来看看，当下民营企业的困境与突破。包括三方面内容，一是目前还存在哪些体制机制障碍阻碍了民营企业发展？二是为了破除这些体制机制障碍，我们进行了哪些改革？成效如何？以深圳为例，看看进入新时代，深圳改革促民营企业发展的崭新探索。三是总结深圳改革促民企发展的几点经验。

（一）民营企业发展面临的障碍与困境

在我国实践发展中还存在诸多制约民营企业发展的体制机制障碍。归结起来，主要包括市场进入壁垒、要素配置低效、制度

供给不足、政策执行偏差以及舆论环境压力几方面。

1. 市场进入壁垒

在放宽民营企业准入方面,国家出台了不少政策,采取了一些措施,取得了一定程度的进展。2012年以来我国在电力、铁路、民航、电信、军工和能源等重要领域都进一步放开了市场准入,社会资本可以通过多个途径参与这些领域的投资活动。比如,混合所有制方式参与民航国企改革、通过PPP(政府与社会资本合作)方式参与民航机场建设等。2019年12月,民企改革发展领域的首个中央文件出台,要求在电信能源等重点领域放开市场准入。但是在实际执行过程中效果不佳,讲过很多年的"弹簧门""玻璃门""旋转门"的问题仍然不同程度存在。民营企业在金融服务、通信电子、新闻出版等近30个产业领域仍然存在市场准入障碍。

根据深圳市政协课题调研发现,政府采购和重大项目投资招投标还存在"墙内开花墙外香"的现象,一些深圳企业的新产品、新技术,在外省市可以拿到订单,但却进不了深圳政府采购目录。在招投标过程中依然存在所有制、资质、规模等针对民营、中小企业的隐性壁垒。比如,一些民生领域,如医疗、教育等行业,民营企业在资金支持、土地获取等方面仍存在较大的劣势。

这种市场进入壁垒和不公平待遇导致民营企业家为了获取和国有企业相同的机会,做出违规甚至违法的行为。根据北京师范大学的一项课题研究,国企企业家犯罪集中在受贿、贪污、挪用公款等职务犯罪领域,而民营企业家的犯罪多属于为了降低经营成本、获取经营资金以缓解经营困难的"压力型"犯罪。这种犯罪类型结构特征差异的背后,反映了民营企业受到的不公平待遇。而这种不公平待遇,正是刺激和诱发民营企业家犯罪趋于多发、频发的重要现实因素。

2. 要素配置低效

根据西方新古典经济增长理论，一个经济体经济增长的动力主要来自两方面：要素投入量的增长和要素使用效率的增长。要素使用效率用全要素生产率来衡量，主要包括技术、知识、管理、数据等，是当经济体的劳动、资本等基本生产要素投入量一定的情况下，其他所有影响经济增长的因素。目前，我国各类要素都存在一定程度配置低效的问题。

（1）我国劳动生产率低且呈下降趋势。平均劳动生产率不足美国的20%。所以，综合劳动生产率因素后，我国的用工成本并不比美国低多少。

（2）资本市场发育不足。企业贷款难是目前我国营商环境的一大痛点，民营企业面临着难以逾越的融资高山。我国融资渠道仍然以从银行获得信贷的间接融资为主，这对于科创类企业和服务业企业来说并不友好。科创类企业核心的资产是人力资本和知识产权，都属于轻资产，去银行贷款难以有效定价并作为抵押，并且创新具有较大的不确定性，其风险收益特征更适合直接融资。但由于我国资本市场不发达不完善，直接融资渠道狭窄。这使得民营企业获得的信贷资源与其作出的贡献不对等、不匹配。民营企业获得的银行贷款仅占全国银行信贷总量的40%，远远小于民营企业对全国经济所做出的"五六七八九"的贡献。小微民营企业的融资状况就更差了。

（3）全要素生产率亟待提高。目前我国全要素生产率不足美国的一半，即中美两国投入相同数量的生产要素，美国的产出是我们的2倍多。

（4）数据要素市场尚待培育。我国数字经济规模从2012年的 11 万亿元增长到 2021 年的 45 万亿元，占 GDP 比重接近 40%。2019 年，数字经济发展对 GDP 增长的贡献率达到 67.7%，超越绝大部分发达国家水平，成为带动我国国民经济发展的核心关键力量。未来，数据要素的重要性将越发凸显，但目前数据要素市场建设刚处于起步阶段，还有待发展完善。

3. 制度供给不足

制度供给不足表现为知识产权保护、企业家私有产权保护、个人破产制度、企业退出机制以及新兴领域存在制度空白等方面。

（1）知识产权保护亟待强化。知识产权保护方面，我国发明专利申请数量连续多年居世界第一，已经是专利大国，但还不是专利强国，有效专利占比低，核心专利数量不足，并且对知识产权保护普遍存在重申请、轻保护的现象。申请专利门槛低，只需要几千块钱，而欧美国家虽然专利申请费用较高，但是在欧美国家知识产权一旦确权，保护力度也大，赔偿额度惊人。我国知识产权侵权案件上诉，存在举证难、成本高、审理周期长的问题，并且即使上诉成功，赔偿额度也小，侵权代价比较低，不足以震慑类似案件再次发生。

（2）企业家私有产权保护不力。制度供给不足还表现为对民营企业家私有产权保护不力。孟子早在两千多年前就提出了"有恒产者有恒心"，在当时农耕经济时代主要的财产是土地。虽然 2004 年我国就把保护私人产权写进了宪法，但实际贯彻落实效果并不尽如人意。全国工商联的调研发现，民营企业产权侵权问题时有发生，对私有产权保护不力成为当下民营企业发展信心不稳的深层次原因。

（3）个人破产制度尚未建立。我国只有半部"破产法"，只有企业破产法，没有个人破产法。小微创业者一旦创业投资失败，所有的债务都要由个人承担，个人无法承担就会转嫁到亲友头上，出现了屡次创业失败、投资失败导致欠下巨额债务甚至自杀的极端事件。个人破产制度的缺失无法保护大量小微创新创业者的权益。

（4）企业退出机制不健全。这几年企业退出市场有注销和破产两种方式，但无论哪种方式程序都比较繁琐、耗时较长，很多企业反映"想死都死不了"。资本市场更是存在既难进又难出的问题，我国股票市场过去十年上市公司年均退市率仅有0.14%左右，而美国纳斯达克上市公司退市率常年维持在5%以上。

（5）新兴领域存在制度空白。随着新产业、新业态、新模式不断涌现，出现了很多新生事物，这些新生事物所处行业相关的法律法规及制度制定、政府监管都存在缺失。像无人机，大疆的迅速崛起推动了深圳无人机产业的蓬勃发展，2023年深圳有200多家无人机公司，已经是全球最重要的无人机研发生产基地。但作为新生事物，关于无人机的法律法规和政府监管完全都是空白的。首先低空领域飞行相关的法律法规缺失，意味着无人机最初都是非法飞行的。而且无人机产业的发展也随之产生了很多乱象，比如，有人把无人机放到机场附近，影响了飞机正常的起飞降落；有人随意在小区里放无人机拍照摄像，侵犯公民隐私；还有人因操作不当，无人机掉下来砸伤人。因此，亟待补足这些制度空白。

4. 政策执行偏差

政策制定初衷都是好的，大方向也是对的，但因执行偏差，或因考虑不周，部分政策效果出现一定偏离，加剧了民营企业的经营困境。例如，去产能与大量民营中小企业关停并转、利润下滑问题。去产能的初衷是加速过剩产能出清。民营企业以中小企业为主，产能相对落后，再加上部分地方政府的行政化一刀切甚至选择性执法，民营中小企业被大量关停并转，或主动被国企并购，行业集中度显著提高；同时，上中游资源型行业去产能，供给减少，价格大幅上升，但市场终端需求较为疲弱，高成本难以向下传导，导致利润由民营企业为主的中下游行业向国有企业为主的资源型行业转移，民企利润增速下滑明显。再如，环保限产与民营企业经营成本上升问题。由于部分民营中小企业环保相对不太规范，民营企业被大量停产限产。环保成本上升和资源品价格上升增加了民营企业的经营成本，进一步削弱了民企获利空间。金融去杠杆的初衷是防范化解重大风险、引导资金脱虚入实、规范整顿影子银行。民营中小微企业由于缺乏合格抵押品、信用风险较高，在传统的银行体系内较难获得信贷支持，而影子银行的快速发展拓宽了其融资渠道，尽管融资成本可能更高一些，但是贷款可得性大大提高。金融去杠杆过紧导致影子银行快速收缩，民营企业融资难度加大，爆发了民企信用债违约潮和股权质押危机等风险事件。民营企业融资环境不仅没有改善反而变差了。

5. **舆论环境压力**

2018年网上出现了一篇网文，说私营经济已经完成协助公有经济发展的任务，应逐渐离场。就是所谓的民营经济离场论，在企业家中掀起了轩然大波。2023年全国两会上，国务院总理李强也说，2022年有段时间，社会上有一些不正确的议论，使民营企业家感到忧虑。

针对民营企业面临的这些困难障碍，习近平总书记指出，"这些困难是发展中的困难、前进中的问题、成长中的烦恼，一定能在发展中得到解决"①。并且,发展和改革是高度融合的,"发展前进一步就需要改革前进一步"②。

(二)深圳促进民营企业发展的改革探索

针对民营企业现存的体制机制障碍问题,深圳率先进行了一系列崭新的改革探索。主要包括四个方面:完善公平竞争制度,完善要素市场化配置,完善社会主义市场经济法律制度以及创新政府管理和服务方式。

1. 完善公平竞争制度

随着各行业市场准入的开放,行业的垄断利润会被有效降低,将促进企业创新研发。深圳率先放宽科技、金融、医疗、教育文化、交通等领域准入门槛,努力消除制度性障碍与隐性壁垒。开放了绿色低碳、高端装备、智慧医疗等重点领域应用场景,支持企业新技术、新产品、新业态先行先试。

对于深圳的众多科创企业而言,涉足多个新领域、新业态,迫切需要改革市场准入制度,包括进行定期梳理新产业新业态目录清单,放宽新产业新业态企业登记,便利新产业新业态商事登记的容缺登记等探索。

2. 完善要素市场化配置

针对目前土地、劳动力、资本、技术、数据等要素配置低效问题,要推动要素市场改革,多点开花。

---

① 习近平:《在民营企业座谈会上的讲话》,人民出版社 2018 年版,第 10 页。

② 中共中央宣传部:《习近平新时代中国特色社会主义思想学习纲要(2023 年版)》,学习出版社、人民出版社 2023 年版,第 94 页。

土地空间有限一直是制约深圳发展的大问题，20年前深圳就提出四个难以为继，位居首位的就是土地空间难以为继，怎么解决？一方面，通过飞地经济，建立深汕特别合作区，实现变相扩容，利用深圳和汕尾两地优势互补达到双赢。另一方面，如何提高深圳现有存量土地的利用效率？特区成立40年来，深圳不仅创造了全国地均GDP第一的高效生产空间，同时还保留着900多平方公里的生态空间，一半土地都在生态控制线以内，因此土地整备工作对深圳尤为重要。近些年通过土地整备、旧工业园区改造等举措盘活了可观的土地空间。此外，探索创新管理模式，增强管理灵活性，如南山区首创"联合上楼"模式，解决了南山区大量科创企业缺乏自有物业的问题。南山区1/3的科创企业都是租赁办公楼，没有自有物业，随着发展规模不断壮大，一些企业陷入两难：一方面，单独拿地"资金不够"，又面临不少外地优厚政策的"诱惑"；另一方面，留恋南山的营商环境和创新氛围，"不是实在没办法，不想走"。"联合上楼"模式就是"允许企业联合竞买土地建设联合总部大厦"，以"共享经济"理念满足更多企业发展空间需求。2019年8月，南山区科技联合大厦以一块1.1万多平方米的产业用地，一举解决了辖区15家企业的空间需求，大幅降低了企业用地成本，同时土地利用效率达到传统招拍挂方式的10倍以上。

对于劳动力要素，要促进其合理畅通有序流动。"人才是第一资源"，深圳加快建设"世界重要人才中心"，主要从两个层面推进：强化内生人才培养机制和优化环境吸引外来人才。针对高校总量少、层级低的问题，深圳通过自主办学与合作办学相结合的模式弯道超车，克服自身发展周期短对高校建设的不利影响。并且深圳高校建设是符合产业结构发展需要的，如深圳技术大学就是为深圳培养工匠型人才；正在建设中的深圳海洋大学将为深圳海洋产业发展培养专门人才。针对外籍人才比重低，与深圳经济发展水平不匹配的问题，一方面提升国际人才服务便利度，如简化办理永久居留证流程；另一方面打通职业资格互认，提升国际人才开放度。深圳建立国际职业资格证书认可清单制度，持有相关职业资格的国际专业人员在深圳备案登记后即可提供专业服务。

对于资本要素，要完善多层次的资本市场制度。深圳利用半年时间完成了创业板注册制改革，解决了创业板进入门槛高、审批周期长等问题，为大量中小科创企业拓宽了融资渠道，为主板市场注册制改革先行探路。同时，针对不同类型企业采取差异化融资手段。探索知识产权证券化深圳模式，推动知识产权证券化作为中小企业融资的重要方式之一。全国首创"金融方舟"企业扶持计划，服务中小企业近3万家，贷款近2000亿元。发放普惠小微企业信用贷款，助力企业走出疫情困境。

对于数据要素，要建立和完善数据要素市场。深圳先行先试，2022年底，深圳数据交易所（简称"深数所"）挂牌成立，从合规保障、流通支撑、供需衔接、生态发展四方面，打造覆盖数据交易全链条的服务能力，构建数据要素跨域、跨境流通的全国性交易平台，成为深圳探索适应中国数字经济发展的数据要素市场化配置示范路径和交易样板的关键一招，为推动数字经济高质量发展注入了新动能。截至2023年，深数所累计数据交易达625笔，覆盖金融科技、数字营销、公共服务等106类应用场景，交易规模全国第一。

3. 完善社会主义市场经济法律制度

在知识产权保护方面。推进协同保护体系建设，破解执法难困局。以推动设立深圳知识产权法院、更好发挥知识产权保护中心职能为抓手落地，破解知识产权维权"举证难""周期长"等问题。

深圳率先建立并实施知识产权惩罚性制度，对被告故意侵权行为造成的损失进行弥补，同时警示社会。2021年底小米科技公司诉深圳小米公司侵害商标权及不正当竞争纠纷案在深圳市中级人民法院一审落槌。这场真假"小米"之争吸引了社会关注。作为社会熟知的手机生产商，小米科技公司持有"小米"商标的注册商标专用权。深圳小米公司申请注册"小米生活"商标并突出使用，还大量使用小米科技公司的宣传语和橙白配色等方式用于商业宣传。深圳市中级人民法院已生效判决认为，被告的行为构成商标侵权和不正当竞争，其侵权恶意明显，侵权商品种类多、数量大，侵权规模极大，部分被控侵权产品存在质量问题，客观上严重损害"小米"商标所承载的良好声誉。通过准确查明认定电子商务中的侵权获利，法院依法确定了三倍的赔偿倍数标准，全额支持了原告主张3000万元赔偿的诉讼请求。本案宣判后，被告表示不上诉，并立志要经营自己的自主知识产权，取得了良好的社会效果。启动技术调查官职责，引入专业技术人才，有利于提升办案质量和效率。

先行先试个人破产制度。深圳400万商事主体，个体工商户占比超过1/3，除此之外还有大量自我雇佣的商事主体以微商、电商、自由职业者等形式存在。经过6年探索，2021年3月《深圳经济特区个人破产条例》正式实施，这是我国首部个人破产法规，破解了小微创新创业者"一次创业失败、终身背债"的困境，保护"诚实而不幸的债务人"，营造鼓励创新、宽容失败的政策环境。

完善企业退出机制，破解企业"出生容易死亡难"问题。深圳率先创设了"除名和依职权注销"制度，"先注销、后清算"，力图破解僵尸企业退出难题。扩大简易注销制度适用范围，商事主体债权债务已经清算完结或者没有发生过债权债务关系的可以适用简易注销程序。允许特殊情况代为注销，以期实现商事主体既能快进也能快出市场。

填补制度空白方面，以无人机为例。深圳作为全球无人机之都，快速填补了制度空白，建立完善无人机全生命周期管理体制机制及政策法规。对微型、轻型、小型、中型、大型（工业级）无人机都陆续推出了暂行管理办法，纳入了立法管理范畴。

同时还在重点领域立法，为相关行业健康发展保驾护航。2022年，深圳出台《关于发展壮大战略性新兴产业集群和培育发展未来产业的意见》，即"20+8"产业新政，囊括了国际所有前沿产业领域，为下一步战略性新兴产业发展谋定方向。同时，对智能网联汽车和人工智能产业立法，为深圳具备发展基础优势的新兴产业填补制度空白。

4. 创新政府管理和服务方式

如何监管不断涌现的大量新产业新业态？深圳贯彻落实"审慎包容"的执法监管机制，对新产业新业态初创阶段探索实行"包容期"管理，给予新兴产业企业1—2年的成长"包容期"，助力新产业新业态规范健康发展。建立"容错"机制，实施信用惩戒"宽容"机制。同时严守安全底线，实行风险评估动态管理。创新"人工智能+互联网+信用+双随机"监管模式，每年集中抽取待检查企业，做到"随机之外无检查"，减少行政执法对企业正常生产经营的干扰。

针对政府服务落地前的堵点问题，探索打通堵点，解决政府服务"最后一公里"问题。比如，深圳全市各类资助企业的补贴加起来有200多项，本来是为企业发展提供资金资助的，但面对几百种补贴，企业头都大了，到底自己符合哪项补贴资助条件？如何申请补贴？很多企业自己没时间搞，所以就出现了很多中介机构，专门帮企业申请补贴，但人家不是白做的，要从资助经费里抽取10%~30%作为中介费。这部分钱白白被中介拿去了，没有真正惠及企业。这个问题最终由深圳市中小企业服务局依托"深i企"App得以解决了。设立了政策计算器，企业注册为会员，输入企业相关信息，后台大数据就可以帮企业匹配出能够申请哪些补贴，申请流程附在后面。只有疏通政府服务"最后一公里"的堵点，才能让政府的惠企政策真正惠及企业、助力企业发展。

（三）深圳促进民营企业发展的改革经验

从深圳改革促民企发展的历史进程和近十年的崭新探索，我们总结出深圳通过深化改革促进民营企业发展的几点经验：勇于试错、渐进引导、准确定位、持续改革。

1. 勇于试错

20世纪末深圳也曾按工业化时代的思路，试图扶持国企发展，结果证明，越是政府资助力度大的国有企业，反倒发展得不太好，而民营企业却如野草一样茁壮成长起来。在不断试错的过程中，政府逐渐意识到对民营企业最好的支持，不是量身定做优惠政策，而是找到产业链的关键瓶颈，补足产业链缺环和短板，如基础研发、公共产品标准或行业准入资质。例如，政府在调研的过程中发现，手机生产、销售要得到入网许可审批，当时要先报省里，再报工信部，流程长达一年左右，影响了手机新品上市时间，为了解决这个问题，深圳向工信部申请，由深圳市政府出资、设立、运营深圳市自己的手机入网检测中心，这一举措大大便利了手机厂商，也使得深圳成长为手机生产重镇。

2. 渐进引导

"立木为信"式的渐进引导政策激发了企业研发创新活力。深圳在1995年就先于全国十年确立了向高新技术产业转型升级，但在当时卖方市场、知识产权保护意识薄弱的大环境下，企业通过抄袭技术等模仿创新的模式已经能赚得盆满钵满了，根本没有研发创新的动力。怎么调动企业积极性？深圳市政府1995年鼓励企业申报自建研究机构，条件是需要有硬件——实验室，一家企业试着申报后，立刻获得500万元补贴；第二年更多企业前来申报时，政府又提出申报研究所不能只有实验室，还要有符合资质的研究人员，于是一批企业马上去找学校研究机构，请老师们来当科学家；第三年申报要求再提高到要有具体研究项目，于是企业家们又回学校去翻老师们的研究课题；第四年再提出要有项目前景预测和市场调研分析……这样一步步引导了五年之后，深圳终于有一批企业开始尝到自主研发创新的甜头，从而催生了一批科创类企业的崛起。

3. 准确定位

深圳市政府与企业的关系呈现出"企业没有事，政府不插手；企业有好事，政府不伸手；企业有难事，政府不放手"[①]的局面。企业普遍反映在深圳办企业，正常经营的时候，感觉不到政府部门的存在；一旦需要帮忙，就会感到政府就在身边。

---

① 《有事服好务　无事不打扰》，《深圳特区报》2022年7月12日。

4. 持续改革

改革是深圳的根、深圳的魂，深圳在经济特区成立 40 多年的时间里，持续深化改革，为民营经济的发展提供了有力支持，这是深圳民营经济得以快速健康发展的关键因素。

三、未来改革的重点方向

前面两部分的内容我们了解了为什么改革，已经进行了哪些改革探索，那下一步还要不要改革？怎么改？我们看到，虽然进行了一系列改革实践探索，但是困扰民营企业的体制机制障碍问题仍然没有得到根本解决。党的二十大报告指出，要"构建高水平社会主义市场经济体制……优化民营企业发展环境……促进民营经济发展壮大"[①]。构建高水平社会主义市场经济体制，是我国新时代经济体制改革的目标取向。那么怎样构建高水平社会主义市场经济体制，为民营企业发展优化环境呢？课程第三部分，根据现存的体制机制问题，我们提出四个"高"的改革重点方向：培育高质量市场主体、建设高标准市场体系、完善高水平市场经济基础制度和构建高适配性政府与市场关系。

（一）培育高质量市场主体

首先要正确认识两大市场主体——国有企业和民营企业的关系。民营经济发展太充分会不会挤占国有经济发展空间，甚至改

---

① 《中国共产党第二十次全国代表大会文件汇编》，人民出版社 2022 年版，第 24 页。

变我国经济的社会主义性质呢？答案是否定的。实际情况是民营经济与国有经济不是对立关系，而是相辅相成、协调并进的。越是民营经济发达的地方，国企发展越好。各地国资规模基本与民营经济发展情况一致。广州、深圳市属国企资产总额都突破了5万亿元，广东全省国有企业资产总额相当于东北三省的2.5倍，浙江、福建这两个民营经济占比最高的省份，国企表现也非常亮眼。所以民进国退的说法站不住脚。

并且民营经济与国有经济已经形成了互补的经济结构。国有企业多处于产业链上游，在基础产业和重型制造业等领域发挥作用，民营企业越来越多地提供制造业产品特别是最终消费品，两者是高度互补、互相合作、互相支持的关系。

其中深圳民营企业与国有企业的关系与全国整体情况不同。深圳所占比重不多的国有企业不是处于产业链的上游，而是集中于城市基础设施、公共服务领域，对城市经济起保障作用。如深圳市属国企深圳市投资控股有限公司发挥了国企基础性、先导性作用，为深圳科技创新拢资源、搭平台、做服务。控股国信证券、高新投等8家金融机构，为科技创新提供金融服务助力；开发运营了深圳湾科技生态园、软件产业基地核心产业园区，承担了深港科技创新合作区、深圳湾超级总部基地项目，为科技创新提供科技园区承载。深圳的民营企业也不是处于产业链下游，而是整个产业链和现代产业体系的主体。一个是主体作用，一个是保障作用，民营企业与国有企业两者相互支持、共同支撑着深圳的现代产业体系以及高科技产业的发展。

其次，弘扬优秀企业家精神。习近平总书记指出，"我们全面深化改革，就要激发市场蕴藏的活力。市场活力来自于人，特别是来自于企业家，来自于企业家精神"①。那什么是优秀企业家精神？党的十八大以来，习近平总书记曾在多个场合提到"企业家精神"。2017年中央首次以专门文件对企业家精神提出了要求，总括为36个字：爱国敬业、遵纪守法、艰苦奋斗、创新发展、专注品质、追求卓越、履行责任、敢于担当、服务社会。

习近平总书记2020年在企业家座谈会上又对企业家精神进行了更为凝练的概括：爱国、创新、诚信、社会责任、国际视野五个方面。爱国情怀要求优秀企业家必须对国家、对民族怀有崇高的使命感和强烈的责任感，把企业发展同国家繁荣、民族兴盛、人民幸福紧密结合在一起，主动为国担当、为国分忧，正所谓，利于国者爱之，害于国者恶之。爱国是近代以来我国优秀企业家的光荣传统。从清末民初的张謇，到抗战时期的卢作孚、陈嘉庚，再到新中国成立后的荣毅仁、王光英，等等，都是爱国企业家的典范。改革开放以来，我国也涌现出一大批爱国企业家。

企业家爱国有多种实现形式，但首先是办好一流企业，带领企业奋力拼搏、力争一流。怎样做到"深刻把握发展中存在的不足和面临的挑战，加快转变发展方式、调整产业结构、转换增长动力。坚守主业、做强实业，自觉走高质量发展路子"② 呢？民营企业家必须发挥主观能动性，发挥"企业家精神"这一重要生产力的作用。在2023年全国两会上，李强总理再提浙商的"四千"精神，就是希望民营企业家坚定信心再出发，谱写新时代新

---

① 《习近平关于社会主义经济建设论述摘编》，中央文献出版社2017年版，第62页。

② 《实现民营经济健康发展高质量发展（人民要论）》，《人民日报》2023年4月18日。

的创业史，推动民营经济高质量发展。

如何才能办好一流企业？核心是创新，创新是企业家精神的核心，也是企业的灵魂。"企业家创新活动是推动企业创新发展的关键。"① 改革开放后，深圳诞生了华为、腾讯、比亚迪等创新型世界500强民营企业，涌现出了任正非、马化腾、王传福等一批具有深厚家国情怀、创新精神的民营企业家，并且深圳形成了老中青、"传帮带"的创新企业家集群，越来越多的研发人员出身的年轻企业家不断涌现出来。习近平总书记要求，"有能力、有条件的民营企业要加强自主创新，在推进科技自立自强和科技成果转化中发挥更大作用"②。

诚信守法是企业安身立命之本。社会主义市场经济是信用经济、法治经济。"企业家要同方方面面打交道，调动人、财、物等各种资源，没有诚信寸步难行。"③ 晋商起家微利，从三晋一隅辐射塞北江南，靠的正是诚信。企业家要做诚信守法的表率，带动全社会道德素质和文明程度提升。

社会责任，疫情防控期间，民营企业捐款捐物、"不裁员、不降薪，同员工携手渡过难关"④，肩负起了社会责任和道德责任。国际视野要求企业家"提高把握国际市场动向和需求特点的

---

① 中共中央宣传部、国家发展和改革委员会：《习近平经济思想学习纲要》，人民出版社、学习出版社2022年版，第111页。

② 《加快实现高水平科技自立自强（两会时间）》，《人民日报》2023年3月8日。

③ 习近平：《在企业家座谈会上的讲话》，人民出版社2020年版，第7页。

④ 《［网连中国］多地企业家热议："总书记'谈心式互动'，让我们干劲儿十足"》，人民网2020年7月22日。

能力，提高把握国际规则能力，提高国际市场开拓能力，提高防范国际市场风险能力，带动企业在更高水平的对外开放中实现更好发展，促进国内国际双循环"①。进一步加快企业"走出去"步伐，更广更深参与国际市场开拓，产生出越来越多华为这样的世界级企业。

此外，政府部门要为弘扬优秀企业家精神营造良好的舆论环境。我们看到，每次社会出现对民营经济的不正确议论，中央都会明确表态，习近平总书记在不同场合频繁力挺民营经济，释放出越来越强的政策信号，那就是，党中央始终坚持"两个毫不动摇""三个没有变"，始终把民营企业和民营企业家当作自己人。必须给民营企业家吃颗定心丸，这样才能增强信心，轻装上阵、大胆发展。

（二）建设高标准市场体系

民营企业作为市场主体，其发展需要有优良的市场经济环境支撑。市场体系是市场经济运行的载体。只有建设高标准市场体系，推进要素资源高效配置，提升市场环境和质量，实施高水平市场开放、完善现代化市场监管机制等，才能使生产、分配、流通、消费各环节畅通循环，形成国内统一大市场，更好地发挥超大规模市场优势。同时有助于调动包括民营企业在内各类市场主体的积极性、主动性、创造性，为经济高质量发展提供强劲动力。

其中，推进要素资源高效配置是重中之重。按照中共中央办

---

① 习近平：《在企业家座谈会上的讲话》，人民出版社2020年版，第9页。

公厅、国务院办公厅印发的《建设高标准市场体系行动方案》要求，要素市场体系建设包括推动经营性土地要素市场化配置，推动劳动力要素有序流动，促进资本市场健康发展，发展知识、技术和数据要素市场。在经济社会发展的不同时期，不同生产要素所发挥的作用不同，从而带来了差异化的时代红利。20 世纪 70 年代，随着农村包产到户的普及，土地、劳动力要素红利首次释放。80 年代，随着市场机制的引入，手工服务业轻工业快速发展，技术红利首次释放。90 年代，国企改革、住房商品化等改革，使得土地、劳动力、技术、资本等要素红利充分释放。进入 21 世纪，随着房地产市场发展，加上我国加入世界贸易组织（WTO）的重大利好，带来了制造业的腾飞，土地和人口要素红利再次释放。2010 年以后，随着互联网产业的发展，数据红利首次释放。进入 2020 年，数字经济的迅猛发展必然开启数字经济红利大时代！

落实加快培育发展数据要素市场，主要通过以下方式推进政策落地：一方面，制定出台新一批数据共享责任清单，加强地区间、部门间数据共享交换；另一方面，研究制定加快培育数据要素市场的意见，建立数据资源产权、交易流通、跨境传输和安全等基础制度和标准规范，推动数据资源开发利用。

深圳将从以下几方面着手加快培育发展数据要素市场：一是探索数据资产化道路。凭借在深圳数据交易所上架的数据交易标的，深圳微言科技公司获得光大银行深圳分行 1000 万元授信贷款。作为全国首笔无质押数据资产增信贷款，这是深圳在探索数据资产化道路上的又一次创新实践，对具备优质数据资产的市场主体持续释放数据要素价值，具有一定的激励和导向作用。二是打通数据交易堵点。"确权难、定价难、互信难、入场难、监管难"①，被认为是实现场内数据交易的五大难点。深圳将聚焦难点痛点，加大改革创新。深数所在全国首创动态合规体系，通过机制和制度创新，打通数据交易堵点，构建数据交易信用体系，并充分利用深圳科技创新优势，与有关企业合作利用"可信数据空间技术"，取代传统的数据流通方式，实现数据可信流通。三是发挥数据交易所磁力效应，汇聚数据商、数据源以及数据需求方在内的各类市场主体。

（三）完善高水平市场经济基础制度

习近平总书记指出："要从制度和法律上把对国企民企平等对待的要求落下来，从政策和舆论上鼓励支持民营经济和民营企业发展壮大。要依法保护民营企业产权和企业家权益。要全面梳理修订涉企法律法规政策，持续破除影响平等准入的壁垒。要完善公平竞争制度，反对地方保护和行政垄断，为民营企业开辟更多空间。"②可以看出，为推动民营企业发展，未来需要完善的相关制度聚焦在产权保护、市场准入、公平竞争三方面。

在产权保护方面，总书记在 2018 年讲道："稳定预期，弘扬企业家精神，安全是基本保障。"③怎么确保安全？产权的保护是安全的前提。总书记指示，"要甄别纠正一批侵害企业产权的错

---

① 《看两会⑦｜统筹布局，完善数据交易市场生态建设》，澎湃新闻 2022 年 3 月 16 日。

② 习近平：《当前经济工作的几个重大问题》，《求是》2023 年第 4 期。

③ 习近平：《在民营企业座谈会上的讲话》，人民出版社 2018 年版，第 16 页。

案冤案"①。张文中案、顾雏军案重审就是国家在释放一个信号，同时也代表了一个符号，那就是党的二十大明确表述的，"优化民营企业发展环境，依法保护民营企业产权和企业家权益"②，这就是安全的保障。有了安全的保障，再通过打造公平竞争环境，保持政策相对稳定性，这样才能使民营企业家形成稳定的预期，才能沿着正确的轨道去不断思考如何高质量发展。

在市场准入方面，完善负面清单制度。全面落实"全国一张清单"能够提高市场准入负面清单制度的统一性、权威性，使各地区协调一致，提升监管效率。通过开展放宽市场准入试点方式，在有条件的地区因地制宜，有序推进负面清单缩减，比如制定出台海南自由贸易港、深圳建设中国特色社会主义先行示范区、横琴粤澳深度合作区放宽市场准入特别措施。

在公平竞争方面，要重新界定反垄断边界。对于近两年出现的平台经济垄断现象，是不是必须打压下去？我们要知道，垄断有三种情况：自然垄断、行政垄断和市场垄断。平台经济很多是市场性垄断，强制消费者消费，阻碍竞争者准入。平台经济发展这种垄断，更多的就是市场性垄断。经济学当中，垄断判定标准是按照垄断市场份额还有跨越边界，但在平台经济中市场份额不大好判断，有些边界也不大好判断。我们应该看看熊彼特所强调的，在平台经济发展中的垄断怎么去判断？那就是一个标准，只要存在充分的竞争准入机会的，我们就应该客观地去看、相对宽

---

① 习近平：《在民营企业座谈会上的讲话》，人民出版社2018年版，第17页。

② 《中共中央国务院关于促进民营经济发展壮大的意见》，人民出版社2023年版，第2页。

松地去看。不管它的市场份额目前是多少,也不应该判定它是我们必须严厉打压的垄断。

(四)构建高适配性政府与市场关系

政府和市场的关系是我国经济体制改革的核心问题。而处理好政府与市场关系的关键就是处理好政府与企业的关系。

从历史来看,政府与企业的关系特征决定了民营企业发展模式差异。中国的民营企业发展历史上有三种模式很有代表性,即浙江模式、苏南模式、珠三角模式。浙江大学老师史晋川的文章说明一个现象,那就是浙江模式和苏南模式,都位于长三角,距离如此之近,但是这两种模式的民营经济的特点却区别很大,它的产品市场、要素市场、企业治理、政商关系区别很大。民营企业发展的主力部队也有很大差异。苏南模式当时的主力部队是乡镇集体企业,而浙江模式当时的主力部队是个体私营企业,其中一个非常重要的原因——政府和企业之间的关系。在浙江,政府是以放为主,苏南是强力推动介入经营,不同的政商关系,不同的政府和企业如何看待彼此之间的资源整合,就出现了不同的主力部队。

民营企业下一步高质量发展,政企之间的联动越来越重要。如果这个联动没有加强,民企高质量发展,就存在很多的障碍和因素。那么应该怎么做?其实总书记也论述得比较清楚,亲清政商关系就是民营企业高质量发展的行为准则,那就是对领导干部而言,要靠前服务,要为企业解决实际困难,不能做表面文章。对于民营企业家而言,既然要解决实际困难,那么有些信息你是市场第一线的,所以你应该积极主动地多沟通多交流,这样互动的效果才能好。"清"的要求则明确了底线,政府不能以权谋私,不能搞权钱交易。对民营企业家而言，要遵纪守法，要光明正大。

2023年全国两会上，总书记又强调，要引导民营企业和民营企业家正确理解政策，要有信心，要把构建亲清政商关系落到实处，只有落到实处，我们的民企才能专心致志搞发展。那怎么落到实处？此前总书记曾经论述过这个问题，"任何一项政策出台初衷肯定是好的，为什么效果出现偏差？"他论述到各地区各部门要从实际出发，然后要细化量化，最后要落地落实，增强企业获得感。这样才能形成良性的政企关系，才能更好地开展良性的政企互动，从而推动民营企业高质量发展。

通过三个部分内容的讲解，分别为学员解答了三个问题。第一个问题，改革开放历史进程中，经济体制改革对促进民营企业发展起到了什么作用？第二个问题，为什么现在仍然要进一步深化经济体制改革？为了促进民营企业发展，我们已经进行了哪些改革举措，成效如何？第三个问题，展望未来，下一步深化改革的重点是什么？

改革永不止步，民营经济只能壮大、不能弱化。相信有了以上的理论认知和把握，民营企业未来的发展环境会更加优化，我们的民营经济和民营企业家必将大有可为，实现高质量发展的目标。

开辟马克思主义中国化时代化新境界①

陈少雷

陈少雷，现为中共深圳市委党校习近平新时代中国特色社会主义思想研究中心主任、教授，中国辩证唯物主义研究会常务理事，广东省青联常委，广东省习近平新时代中国特色社会主义思想研究中心特约研究员，"党的二十大精神"广东青年宣讲团成员、深圳市委宣讲团成员。2013年毕业于中国人民大学，获哲学博士学位，主要从事习近平新时代中国特色社会主义思想、马克思主义哲学等重大理论和现实问题的教学与研究。近年来已出版学术专著3部，主编著作多部，发表学术论文50余篇，主持参与国家省市科研课题多项。曾获广东省基层理论宣讲先进个人、全省党校系统用学术讲政治精品课、深圳市优秀教师等荣誉称号。

党的二十大提出开辟马克思主义中国化时代化新境界的重大

---

① 广东省哲学社会科学规划2024年度项目《"第二个结合"的丰富内涵、内在逻辑及实践要求研究》（GD24CY06）阶段性成果

任务，强调这是当代中国共产党人的庄严历史责任。2023年6月30日，二十届中央政治局专门以《开辟马克思主义中国化时代化新境界》为题进行集体学习。习近平总书记在主持这次中央政治局集体学习时的重要讲话，为我们理解和把握开辟马克思主义中国化时代化新境界提供了重要指引和遵循。我们要深化对党的理论创新的规律性认识，进一步明确理论创新的方位、方向、方法，在新时代新征程上取得更为丰硕的理论创新成果。

一、始终坚守理论创新的魂和根

开辟马克思中国化时代化新境界，必须坚持守正创新，处理好魂与根的关系。习近平总书记在二十届中央政治局第六次集体学习时强调："马克思主义中国化时代化这个重大命题本身就决定，我们决不能抛弃马克思主义这个魂脉，决不能抛弃中华优秀传统文化这个根脉。坚守好这个魂和根，是理论创新的基础和前提，理论创新也是为了更好坚守这个魂和根。坚持是为了更好地发展，发展也是为了更好地坚持。"[①] "魂脉"与"根脉"、两个"决不能抛弃"等重要论断，概括精准、表述凝练、内涵丰富、意义重大，为续写马克思主义中国化时代化新篇章提供了科学的理论指引和实践遵循。

---

① 习近平：《开辟马克思主义中国化时代化新境界》，《求是》2023年第20期。

（一）如何理解马克思主义魂脉？

我们先从马克思主义的创始人——马克思讲起。今天我们把马克思称为千年伟人。公元 2000 年左右，西方世界以《千年伟人》为题进行了多次的评选。其中最有影响的有 4 次。1999 年，英国剑桥大学文理学院的教授们做了一个评选，题目是《千年第一思想家》，最终的结果是马克思排名第一、爱因斯坦第二。也是在 1999 年，英国广播公司又在互联网以同样的题目《千年第一思想家》进行了一个评选，结果仍然是马克思第一、爱因斯坦第二。2002 年，英国的路透社，以《千年伟人》为题，组织当时政界、商界、艺术和学术领域的一些名人进行了一个评选，结果是马克思以一分之差落后于爱因斯坦。但我们说，这并不影响马克思作为千年伟人的地位。2005 年，英国广播公司又以《古今最伟大的哲学家》为题做了一个评选，结果是马克思第一、休谟第二。综合这几次评选，我们说马克思是千年伟人！

马克思的伟大，不仅在于其个人思想理论的伟大，更在于其深刻影响了越来越多的追随者，激励了越来越多的后来人，以及以马克思的名字命名，并由这些追随者和后来人不断丰富和发展的马克思主义。习近平总书记在纪念马克思诞辰 200 周年大会上强调，"两个世纪过去了，人类社会发生了巨大而深刻的变化，但马克思的名字依然在世界各地受到人们的尊敬，马克思的学说依然闪烁着耀眼的真理光芒！"① "马克思的思想理论源于那个时代又超越了那个时代，既是那个时代精神的精华又是整个人类精

---

① 习近平：《在纪念马克思诞辰 200 周年大会上的讲话》，人民出版社 2018 年版，第 1-2 页。

神的精华。"① 这里关于"人类精神的精华"的概括，与马克思1842年在《〈科隆日报〉第179号的社论》中曾指出："任何真正的哲学都是自己时代的精神上的精华"②，表达了相近的含义，即人类精神的精华和其所处的时代的互动关系。时代精神的精华一定产生于特定的时代，同时又会以特有的方式来塑造、引领新的时代。

如何理解马克思主义"魂脉"？这里的"脉"，更多侧重强调的是一脉相承，这里的"魂"，代表马克思主义中最核心、最重要的内容。马克思主义之所以能够凝心聚魂、一脉相承，不断丰富和发展，归根结底在于其具有强大的道义力量、强大的理论力量、强大的实践力量。

第一，从道义力量的角度来看，马克思主义占据着真理和道义的制高点。17岁的马克思在他的中学作文《青年在选择职业时的考虑》中写下了这样的一段话："如果我们选择了最能为人类而工作的职业，那么，重担就不能把我们压倒，因为这是为大家作出的牺牲；那时我们所享受的就不是可怜的、有限的、自私的乐趣，我们的幸福将属于千百万人，我们的事业将悄然无声地存在下去，但是它会永远发挥作用，而面对我们的骨灰，高尚的人们将洒下热泪。"③ 从这段话我们能看出马克思的胸怀、格局、境界，从中能感受到这种强大的道义力量。

---

① 习近平：《在纪念马克思诞辰200周年大会上的讲话》，人民出版社2018年版，第7页。
② 《马克思恩格斯全集》第1卷，人民出版社1995年版，第220页。
③ 《马克思恩格斯全集》第1卷，人民出版社1995年版，第459-460页。

第二，从理论力量的角度来看，马克思主义深刻揭示了人类社会发展的一般规律，具有超越时空、引领时代的穿透力、影响力。习近平总书记在纪念马克思诞辰200周年大会上的重要讲话中强调指出："马克思给我们留下的最有价值、最具影响力的精神财富，就是以他名字命名的科学理论——马克思主义。这一理论犹如壮丽的日出，照亮了人类探索历史规律和寻求自身解放的道路。"① 这一重要概括为我们理解马克思主义的理论力量提供了重要指引和遵循。

第三，从实践力量的角度来看，马克思主义具有"解释世界"基础上的"改变世界"的实践伟力。"马克思主义的命运早已同中国共产党的命运、中国人民的命运、中华民族的命运紧紧连在一起，它的科学性和真理性在中国得到了充分检验，它的人民性和实践性在中国得到了充分贯彻，它的开放性和时代性在中国得到了充分彰显！"② 马克思主义的实践力量，如果用一句话来概括，那就是马克思主义深刻地改变了中国，深刻地改变了世界。

坚守马克思主义魂脉，关键在于坚持马克思主义立党立国、兴党兴国之本不动摇，深刻把握马克思主义"活的灵魂"，深刻把握马克思主义的立场观点方法，深刻把握马克思主义的科学性、人民性、实践性、开放性等理论品格，不断开辟马克思主义中国化时代化崭新境界。

---

① 习近平：《在纪念马克思诞辰200周年大会上的讲话》，人民出版社2018年版，第6页。

② 习近平：《在纪念马克思诞辰200周年大会上的讲话》，人民出版社2018年版，第14页。

（二）如何理解中华优秀传统文化根脉？

中华优秀传统文化根脉是中华民族和中华文明几千年来延绵至今、生生不息的精神血脉，是中华民族和中华文明区别于其他民族、其他文明的精神标识、独有特有的文化基因。2022年5月，习近平总书记在十九届中央政治局第三十九次集体学习时强调："要把中华文明起源研究同中华文明特质和形态等重大问题研究紧密结合起来，深入研究阐释中华文明起源所昭示的中华民族共同体发展路向和中华民族多元一体演进格局，研究阐释中华文明讲仁爱、重民本、守诚信、崇正义、尚和合、求大同的精神特质和发展形态，阐明中国道路的深厚文化底蕴……要建立中国特色、中国风格、中国气派的文明研究学科体系、学术体系、话语体系，为人类文明新形态实践提供有力理论支撑。""中华优秀传统文化是中华文明的智慧结晶和精华所在，是中华民族的根和魂，是我们在世界文化激荡中站稳脚跟的根基。"① 中华优秀传统文化中蕴含的思想观念、价值理念、人文精神、道德规范等，既是中国人思想和精神的内核，也对解决人类问题有重要价值。

如果把中华民族中华文明比作"忒修斯之船"②，在五千多年浩瀚的历史长河中，变的是什么？不变的是什么？比如说，器物

---

① 习近平：《把中国文明历史研究引向深入 增强历史自觉坚定文化自信》，《求是》2022年第14期。

② 公元1世纪，普鲁塔克提出一个问题：如果忒修斯的船上的木头被逐渐替换，直到所有的木头都不是原来的木头，那这艘船还是原来的那艘船吗？这一问题被称作"忒修斯之船"悖论。在普鲁塔克之前，赫拉克利特、苏格拉底、柏拉图都曾经讨论过相似的问题。近代霍布斯和洛克也讨论过该问题。

层面，桌子、椅子、房屋等几十年、几百年、几千年后可能都不复存在了。制度层面，经过几百年、上千年，制度可能也在不断地演进。那不变的是什么？其中很重要的一个方面就是文化文明层面、精神层面。历史上曾经辉煌一时的古埃及文明、巴比伦文明、哈巴拉文明等，很多都中断了，唯有中华民族中华文明创造了世界历史上"连续性文明"的典范。

坚守中华优秀传统文化根脉，关键在于深刻把握中华文明的突出特性，深刻把握中华优秀传统文化中的重要元素，充分挖掘其时代意义和价值。习近平总书记强调："中华优秀传统文化有很多重要元素，比如，天下为公、天下大同的社会理想，民为邦本、为政以德的治理思想，九州共贯、多元一体的大一统传统，修齐治平、兴亡有责的家国情怀，厚德载物、明德弘道的精神追求，富民厚生、义利兼顾的经济伦理，天人合一、万物并育的生态理念，实事求是、知行合一的哲学思想，执两用中、守中致和的思维方法，讲信修睦、亲仁善邻的交往之道等，共同塑造出中华文明的突出特性。"①

第一，中华文明具有突出的连续性。中华文明是世界上唯一绵延不断且以国家形态发展至今的伟大文明。这充分证明了中华文明具有自我发展、回应挑战、开创新局的文化主体性与旺盛生命力……如果不从源远流长的历史连续性来认识中国，就不可能理解古代中国，也不可能理解现代中国，更不可能理解未来中国。

第二，中华文明具有突出的创新性。中华文明是革故鼎新、辉光日新的文明，静水深流与波澜壮阔交织……中华文明的创新

---

① 习近平：《在文化传承发展座谈会上的讲话》，《求是》2023 年第 17 期。

性，从根本上决定了中华民族守正不守旧、尊古不复古的进取精神，决定了中华民族不惧新挑战、勇于接受新事物的无畏品格。

第三，中华文明具有突出的统一性。中华文明长期的大一统传统，形成了多元一体、团结集中的统一性……中华文明的统一性，从根本上决定了中华民族各民族文化融为一体，即使遭遇重大挫折也牢固凝聚，决定了国土不可分、国家不可乱、民族不可散、文明不可断的共同信念，决定了国家统一永远是中国核心利益的核心，决定了一个坚强统一的国家是各族人民的命运所系。

第四，中华文明具有突出的包容性。中华文明从来不用单一文化代替多元文化，而是由多元文化汇聚成共同文化，化解冲突，凝聚共识……中华文明的包容性，从根本上决定了中华民族交往交流交融的历史取向，决定了中国各宗教信仰多元并存的和谐格局，决定了中华文化对世界文明兼收并蓄的开放胸怀。

第五，中华文明具有突出的和平性。和平、和睦、和谐是中华文明五千多年来一直传承的理念，主张以道德秩序构造一个群己合一的世界，在人己关系中以他人为重……中华文明的和平性，从根本上决定了中国始终是世界和平的建设者、全球发展的贡献者、国际秩序的维护者，决定了中国不断追求文明交流互鉴而不搞文化霸权，决定了中国不会把自己的价值观念与政治体制强加于人，决定了中国坚持合作、不搞对抗，决不搞"党同伐异"的小圈子。①

习近平总书记在文化传承发展座谈会上从上述五个方面对中华文明突出特性的凝练概括和充分阐释，既是对中华文明一以贯

---

① 习近平：《在文化传承发展座谈会上的讲话》，《求是》2023 年第 17 期。

之的文化积淀、文化传承、文化发展的深刻把握，也是对中华文明独有特有文化精神、文化气质、文化品格的深刻洞察，充分体现了中国共产党人新时代的文化自觉、文化自信与文化自强，充分彰显了中国共产党人新时代的文化使命、文化责任与文化担当。

（三）如何理解马克思主义魂脉与中华优秀传统文化根脉之间的关系？

坚守好马克思主义魂脉和中华优秀传统文化根脉，是理论创新的基础和前提。"在五千多年中华文明深厚基础上开辟和发展中国特色社会主义，把马克思主义基本原理同中国具体实际、同中华优秀传统文化相结合是必由之路。这是我们在探索中国特色社会主义道路中得出的规律性认识……只有立足波澜壮阔的中华五千多年文明史，才能真正理解中国道路的历史必然、文化内涵与独特优势。历史正反两方面的经验表明，'两个结合'是我们取得成功的最大法宝。"①

第一，"结合"的前提是彼此契合。"结合"不是硬凑在一起的。马克思主义和中华优秀传统文化来源不同，但彼此存在高度的契合性……相互契合才能有机结合。正是在这个意义上，我们才说中国共产党既是马克思主义的坚定信仰者和践行者，又是中华优秀传统文化的忠实继承者和弘扬者。

第二，"结合"的结果是互相成就。"结合"不是"拼盘"，不是简单的"物理反应"，而是深刻的"化学反应"，造就了一个有机统一的新的文化生命体……"第二个结合"让马克思主义成

---

① 习近平：《在文化传承发展座谈会上的讲话》，《求是》2023年第17期。

为中国的，中华优秀传统文化成为现代的，让经由"结合"而形成的新文化成为中国式现代化的文化形态。

第三，"结合"筑牢了道路根基。我们的社会主义为什么不一样？为什么能够生机勃勃、充满活力？关键就在于中国特色。中国特色的关键就在于"两个结合"……中国特色社会主义道路是在马克思主义指导下走出来的，也是从五千多年中华文明史中走出来的；"第二个结合"让中国特色社会主义道路有了更加宏阔深远的历史纵深，拓展了中国特色社会主义道路的文化根基……

第四，"结合"打开了创新空间。"结合"本身就是创新，同时又开启了广阔的理论和实践创新空间。"第二个结合"让我们掌握了思想和文化主动，并有力地作用于道路、理论和制度……更重要的是，"第二个结合"是又一次的思想解放，让我们能够在更广阔的文化空间中，充分运用中华优秀传统文化的宝贵资源，探索面向未来的理论和制度创新。

第五，"结合"巩固了文化主体性。任何文化要立得住、行得远，要有引领力、凝聚力、塑造力、辐射力，就必须有自己的主体性。中国共产党历来重视文化，新时代我们在道路自信、理论自信、制度自信的基础上增加了文化自信。文化自信就来自我们的文化主体性……有了文化主体性，就有了文化意义上坚定的自我，文化自信就有了根本依托，中国共产党就有了引领时代的强大文化力量，中华民族和中国人民就有了国家认同的坚实文化基础，中华文明就有了和世界其他文明交流互鉴的鲜明文化特性。①

---

① 习近平：《在文化传承发展座谈会上的讲话》，《求是》2023年第17期。

习近平总书记从上述五个方面对关于"两个结合"特别是"第二个结合"的概括阐释，为我们理解和把握"第二个结合"的重大意义、丰富内涵、实践要求等提供了重要指引。"'第二个结合'，是我们党对马克思主义中国化时代化历史经验的深刻总结，是对中华文明发展规律的深刻把握，表明我们党对中国道路、理论、制度的认识达到了新高度，表明我们党的历史自信、文化自信达到了新高度，表明我们党在传承中华优秀传统文化中推进文化创新的自觉性达到了新高度。"[1]

深刻把握马克思主义魂脉和中华优秀传统文化根脉的丰富内涵，以及两者之间的关系，是进一步推进理论创新、不断开辟马克思主义中国化时代化新境界的基础和前提。"我们必须坚持马克思主义这个立党立国、兴党兴国之本不动摇，坚持植根本国、本民族历史文化沃土发展马克思主义不停步，坚定历史自信、文化自信，坚持古为今用、推陈出新，以马克思主义为指导对中华5000多年文明宝库进行全面挖掘，用马克思主义激活中华优秀传统文化中富有生命力的优秀因子并赋予新的时代内涵，将中华民族的伟大精神和丰富智慧更深层次地注入马克思主义，有效把马克思主义思想精髓同中华优秀传统文化精华贯通起来，聚变为新的理论优势，不断攀登新的思想高峰。"[2]

---

[1] 习近平：《在文化传承发展座谈会上的讲话》，《求是》2023年第17期。

[2] 习近平：《开辟马克思主义中国化时代化新境界》，《求是》2023年第20期。

二、及时科学解答时代新课题

问题是时代的声音,回答并指导解决问题是理论的根本任务。习近平总书记在二十届中央政治局第六次集体学习时强调:"时代是思想之母,实践是理论之源。一切划时代的理论,都是满足时代需要的产物……在'两个大局'加速演进并深度互动的时代背景下,人类社会面临许多亟待解决的共同问题,我国改革发展稳定、内政外交国防、治党治国治军等各个领域也都面临着一系列新的重大课题,中国之问、世界之问、人民之问、时代之问给我们提出的新考题比过去更复杂、更难,迫切需要我们从理论与实践的结合上提交答案。"[1] 及时科学解答时代新课题,关键在于积极运用党的创新理论最新成果武装头脑、指导实践、推动工作,准确把握"两个大局"的丰富内涵,以实际行动和实践成果,进一步回答好中国之问、世界之问、人民之问和时代之问。

(一)如何理解"两个大局"?

2019年5月,习近平总书记在推动中部地区崛起工作座谈会上强调指出:"领导干部要胸怀两个大局,一个是中华民族伟大复兴的战略全局,一个是世界百年未有之大变局,这是我们谋划工作的基本出发点。"[2]

---

[1] 习近平:《开辟马克思主义中国化时代化新境界》,《求是》2023年第20期。

[2] 《习近平谈治国理政》第3卷,外文出版社2020年版,第77页。

"两个大局"的第一个大局是指中华民族伟大复兴的战略全局。中华民族伟大复兴是一个历史进程,习近平总书记在系列重要讲话中关于"大历史观"的相关论述,为我们理解和把握中华民族伟大复兴战略全局提供了重要指引和遵循。

2019年4月,习近平总书记在十九届中央政治局第十四次集体学习时强调:"要坚持大历史观,把五四运动放到中华民族五千多年文明史、中国人民近代以来一百七十多年斗争史、中国共产党九十多年奋斗史中来认识和把握。"① 2021年11月,习近平总书记在党的十九届六中全会上指出:"党中央认为,总结党的百年奋斗重大成就和历史经验,要坚持辩证唯物主义和历史唯物主义的方法论,用具体历史的、客观全面的、联系发展的观点来看待党的历史。要坚持正确党史观、树立大历史观,准确把握党的历史发展的主题主线、主流本质,正确对待党在前进道路上经历的失误和曲折,从成功中吸取经验,从失误中吸取教训,不断开辟走向胜利的道路。要旗帜鲜明反对历史虚无主义,加强思想引导和理论辨析,澄清对党史上一些重大历史问题的模糊认识和片面理解,更好正本清源。"② 2023年6月30日,习近平总书记在二十届中央政治局第六次集体学习时进一步强调:"要牢固树立大历史观,以更宽广的视野、更长远的眼光把握世界历史的发展脉络和正确走向,认清我国社会发展、人类社会发展的大逻辑大趋势……"③

---

① 习近平:《论党的青年工作》,中央文献出版社2022年版,第201页。

② 《中国共产党第十九届中央委员会第六次全体会议文件汇编》,人民出版社2021年版,第111页。

③ 《不断深化对党的理论创新的规律性认识 在新时代新征程上取得更为丰硕的理论创新成果》,《人民日报》2023年7月2日。

从大历史观的角度看，经过鸦片战争以来170多年的持续奋斗，中华民族伟大复兴展现出光明的前景。现在，我们比历史上任何时期都更接近中华民族伟大复兴的目标，比历史上任何时期都更有信心、有能力实现这个目标。历史是最好的老师。只有回看走过的路、比较别人的路、远眺前行的路，弄清楚我们从哪儿来、往哪儿去，很多问题才能看得深、把得准。

党的十九届六中全会审议通过的《中共中央关于党的百年奋斗重大成就和历史经验的决议》指出："中华民族是世界上古老而伟大的民族，创造了绵延五千多年的灿烂文明，为人类文明进步作出了不可磨灭的贡献。一八四〇年鸦片战争以后，由于西方列强入侵和封建统治腐败，中国逐步成为半殖民地半封建社会，国家蒙辱、人民蒙难、文明蒙尘，中华民族遭受了前所未有的劫难。为了拯救民族危亡，中国人民奋起反抗，仁人志士奔走呐喊，进行了可歌可泣的斗争……在中国人民和中华民族的伟大觉醒中，在马克思列宁主义同中国工人运动的紧密结合中，一九二一年七月中国共产党应运而生。中国产生了共产党，这是开天辟地的大事变，中国革命的面貌从此焕然一新。"[①]"中国共产党一经诞生，就把为中国人民谋幸福、为中华民族谋复兴确立为自己的初心使命。一百年来，中国共产党团结带领中国人民进行的一切奋斗、一切牺牲、一切创造，归结起来就是一个主题：实现中华民族伟大复兴。"[②] 所以，从大历史观的角度，结合近代以来的历史，我

---

① 《中共中央关于党的百年奋斗重大成就和历史经验的决议》，人民出版社2021年版，第3-4页。

② 习近平：《在庆祝中国共产党成立100周年大会上的讲话》，人民出版社2021年版，第3页。

们再来看中华民族伟大复兴的战略全局，我们可能会看得更清楚。

"两个大局"的第二个大局是指世界百年未有之大变局。2022年7月26日，习近平总书记在省部级主要领导干部"学习习近平总书记重要讲话精神，迎接党的二十大"专题研讨班上的重要讲话中指出，谋划和推进党和国家各项工作，必须深入分析国际国内大势，科学把握我们面临的战略机遇和风险挑战。当前，世界百年未有之大变局加速演进，世界之变、时代之变、历史之变的特征更加明显。我国发展面临新的战略机遇、新的战略任务、新的战略阶段、新的战略要求、新的战略环境，需要应对的风险和挑战、需要解决的矛盾和问题比以往更加错综复杂。全党必须增强忧患意识，坚持底线思维，坚定斗争意志，增强斗争本领，以正确的战略策略应变局、育新机、开新局，依靠顽强斗争打开事业发展新天地，最根本的是要把我们自己的事情做好。党的二十大报告进一步指出："全面建设社会主义现代化国家，是一项伟大而艰巨的事业，前途光明，任重道远。当前，世界百年未有之大变局加速演进，新一轮科技革命和产业变革深入发展，国际力量对比深刻调整，我国发展面临新的战略机遇。同时，世纪疫情影响深远，逆全球化思潮抬头，单边主义、保护主义明显上升，世界经济复苏乏力，局部冲突和动荡频发，全球性问题加剧，世界进入新的动荡变革期。"[1] 这些关于世界百年未有之大变局的重要论述，深刻阐明了百年变局的时代背景、丰富内涵、重大意义、现实影响，我们要从普遍联系的、全面系统的、发展变化的观点，

---

[1] 习近平：《高举中国特色社会主义伟大旗帜　为全面建设社会主义现代化国家而团结奋斗——在中国共产党第二十次全国代表大会上的报告》，人民出版社2022年版，第26页。

深刻把握百年变局的历史逻辑、理论逻辑、实践逻辑。

中华民族伟大复兴战略全局和世界百年未有之大变局，并不是孤立的，而是相互关联、交织演进、深度互动的整体。一个大局本身就是第二个大局最重要的变量之一。我们要整体把握、融会贯通，把两个大局作为谋划工作的基本出发点。

（二）如何理解"四个之问"？

在"两个大局"加速演进并深度互动的时代背景下，我们如何进一步回答中国之问、世界之问、人民之问和时代之问？

第一，从中国之问的角度来看，习近平新时代中国特色社会主义思想坚持以中国问题为导向，聚焦中国的国情与实际，统筹历史与现实、理论与实践、当前和长远，就新时代坚持和发展什么样的中国特色社会主义、怎样坚持和发展中国特色社会主义，建设什么样的社会主义现代化强国、怎样建设社会主义现代化强国，建设什么样的长期执政的马克思主义政党、怎样建设长期执政的马克思主义政党等重大时代课题，进行了科学解答，开辟了马克思主义中国化时代化的新境界。

第二，从世界之问的角度看，习近平新时代中国特色社会主义思想秉持胸怀天下的世界观和方法论，面对"世界怎么了""人类向何处去"等一系列关乎人类前途命运的待解难题，聚焦"建设一个什么样的世界、如何建设这个世界"这一主线，积极贡献中国智慧、中国方案，积极推动世界和平与发展，充分体现了中国共产党人"为解决人类面临的共同问题作出贡献"的视野、胸怀与境界，充分彰显了负责任大国"推动建设更加美好的世界"的使命、责任与担当。

第三，从人民之问的角度看，习近平新时代中国特色社会主义思想坚持人民至上的价值理念，坚持为了人民、根植人民、依靠人民、造福人民的价值立场，坚持想人民之所想，办人民之所需，始终把人民放到心中最高位置，聆听人民心声，回应百姓需要。比如，习近平总书记反复强调"人民对美好生活的向往，就是我们的奋斗目标"，"人民是历史的创造者，人民是真正的英雄"，"我们要站稳人民立场、把握人民愿望、尊重人民创造、集中人民智慧"等。再比如，习近平总书记在庆祝中国共产党成立100周年大会上的讲话全文七千余字，其中"人民"一词出现了86次，以人民为中心的理念贯穿全篇。

第四，从时代之问的角度看，习近平新时代中国特色社会主义思想是在不断解答时代课题的过程中形成的，也是在不断解答时代课题的过程中不断丰富和发展的。"伟大时代呼唤伟大理论，伟大实践孕育伟大理论。"习近平新时代中国特色社会主义思想立足新时代、把握新时代、引领新时代，在思想与时代的辩证统一、深度互动、互促共进过程中，深化了对共产党执政规律、社会主义建设规律、人类社会发展规律的认识，书写了马克思主义中国化时代化新篇章。

不断开辟马克思主义中国化时代化新境界，必须牢牢把握"四个之问"的丰富内涵、内在关联、动态演变和科学解答，在不断解答"四个之问"的过程中进一步推进马克思主义中国化时代化，"让当代中国马克思主义、21世纪马克思主义展现出更为强大、更有说服力的真理力量。"①。

---

① 习近平：《开辟马克思主义中国化时代化新境界》，《求是》2023年第 20 期。

三、着力推进党的创新理论体系化学理化

开辟马克思主义中国化时代化新境界，必须把党的创新理论的体系化、学理化作为重中之重。习近平总书记在二十届中央政治局第六次集体学习时强调："推进理论的体系化学理化，是理论创新的内在要求和重要途径。马克思主义之所以影响深远，在于其以深刻的学理揭示人类社会发展的真理性、以完备的体系论证其理论的科学性。"[①] 推进党的创新理论的体系化学理化既是理论发展之需，也是指导实践之需。

从马克思主义发展史的角度看，马克思主义形成并不断丰富发展的过程，也即是这一科学理论不断体系化、学理化的过程。马克思主义经典作家高度重视理论的体系性、学理性、完备性。19 世纪 70 年代，恩格斯在《反杜林论》中，通过对杜林宣扬的错误观点的批判，对马克思主义的三个组成部分——哲学、政治经济学和科学社会主义作了全面系统的阐述，揭示了三个组成部分之间的内在联系，阐明了辩证唯物主义和历史唯物主义的思想体系，为人们体系化地理解和把握马克思主义提供了重要指引。

从马克思主义中国化时代化的角度来看，马克思主义中国化时代化的过程，同时也是这一科学理论进一步体系化、学理化的过程。马克思主义何以"中国化"？其一，从"马克思主义"本身来看，马克思主义之所以能够实现"中国化"，源于马克思主

[①] 习近平：《开辟马克思主义中国化时代化新境界》，《求是》2023 年第 20 期。

义的理论特质。一方面，马克思主义坚持和倡导的理想信念、人民立场、担当意识、创新精神和科学方法，使其理论具有跨越时空、超越时代的普适性特质，因此能够解决中国问题，指导中国实践。另一方面，马克思主义并不是一个静止的目标或某一阶段性活动，而是一个动态发展的"过程"和"过程的集合体"。其二，从"中国"的实际情况来看，马克思主义之所以能够实现"中国化"，始于中国社会的现实需要。对中国而言，选择马克思主义变革社会、改造现实并非一时冲动，而是经过反复筛选、比较，最终理性选择的结果。马克思主义理论一经传入中国，便展现出强大的思想伟力。正是这一思想伟力，以前所未有的感召力和凝聚力，迅速吸引并团结了一大批探索真理、救国救民的先进知识分子。正是这一思想伟力，以前所未有的批判力和解释力，深刻阐释并指明了人类历史发展的基本规律和前进方向。也正是这一思想伟力，以前所未有的洞察力和影响力，已经并将继续持久深刻地改变中国、改变世界。其三，从"化"的过程来看，马克思主义之所以能够实现"中国化"，基于以中国共产党人为主要代表的马克思主义者在不同时期、不同历史条件下锲而不舍、一以贯之的积极推动。自马克思主义传入中国始，其传播方式、传播速度、传播效果都与翻译出版者和传播推介者的认知程度和推介力度紧密相关。中国共产党成立后，由革命领袖、先进知识分子、革命群众等共同构成的马克思主义传播主体和实践主体，成为推动马克思中国化历史进程的主力军。作为一种动态发展的历史进程，马克思主义中国化内包含两方面内涵：一方面，马克思主义的"中国化"，即马克思主义者运用马克思主义的立场观点方法观照中国国情、透析中国实际、解答中国问题。这不仅是马克思主义刚刚传入中国时，当时的先进知识分子四处"取经"，以破解近代中国积贫积弱、落后挨打历史困境的初衷和缘起，同时也是马克思主义通过中国人的积极探索和成功实践进而展现自身理论的科学性和真理性的重要环节和必由之路。另一方面，"中国化"的马克思主义，即在分析中国实际、解答中国问题的过程中，内在包含了中国的革命领袖、先进知识分子等中国马克思主义者对马克思主义的进一步丰富和发展。这种丰富和发展，不仅在于扬弃了教条主义和本本主义的照搬照抄，更在于创造性地运用马克思主义的立场观点方法结合中国实际，以"实事求是"的态度对待马克思主义、丰富马克思主义、发展马克思主义。因此，马克思主义"中国化"和"中国化"马克思主义是同一个历史进程的两个侧面，两者是相互联系、辩证统一、一体两面的有机整体。相比而言，前者是运用科学理论指导实践，后者是在实践过程中进一步深化、丰富和发展这一理论。正是在两者的双向互动、互促共进中，马克思主义真正实现了"中国化"。① 正是在"中国化"与"化中国"的深度互动过程中，马克思主义中国化时代化的理论创新成果不断丰富和发展，其体系化、学理化得以充分彰显。

从马克思主义中国化时代化不断与时俱进的角度看，新时代推进党的创新理论体系化学理化，关键在于准确把握习近平新时代中国特色社会主义思想的科学体系，积极运用党的创新理论最新成果武装头脑、指导实践。"习近平新时代中国特色社会主义思想，在新时代伟大实践中创立，随新时代伟大变革而发展，是新时代中国共产党的思想旗帜，是全党全国人民为实现中华民族

---

① 陈少雷：《马克思主义中国化的多重维度》，社会科学文献出版社2020年版，第5—7页。

伟大复兴而奋斗的行动指南，是新时代党和国家事业发展的根本遵循。"①"党的十九大、十九届六中全会提出的'十个明确'、'十四个坚持'、'十三个方面成就'概括了习近平新时代中国特色社会主义思想的主要内容。党的二十大提出'六个必须坚持'，概括阐述了习近平新时代中国特色社会主义思想的世界观、方法论和贯穿其中的立场观点方法。"②"'十个明确'、'十四个坚持'、'十三个方面成就'、'六个必须坚持'内在贯通、有机统一，凝结着我们党认识世界、改造世界的宝贵经验和重大成果，体现了理论与实际相结合、认识论和方法论相统一的鲜明特色，共同构成了习近平新时代中国特色社会主义思想的科学体系。"③随着实践进程的深化，党的理论创新成果会越来越丰富。我们要及时跟进学、联系实际用，动态准确把握党的创新理论的科学体系，做到学以致用、知行合一。

四、注重从人民群众的创造中汲取理论创新智慧

习近平总书记在二十届中央政治局第六次集体学习时强调："马克思主义是为人民立言、为人民代言的理论，是为改变人民命运而创立、在人民求解放的实践中丰富和发展的，人民的创造

---

① 中共中央宣传部：《习近平新时代中国特色社会主义思想学习纲要（2023年版）》，学习出版社、人民出版社2023年版，第6页。

② 中共中央宣传部：《习近平新时代中国特色社会主义思想学习纲要（2023年版）》，学习出版社、人民出版社2023年版，第9—10页。

③ 中共中央宣传部：《习近平新时代中国特色社会主义思想学习纲要（2023年版）》，学习出版社、人民出版社2023年版，第12页。

性实践是马克思主义理论创新的不竭源泉……只要我们紧密联系人民群众、经常深入人民群众、紧紧依靠人民群众，真心拜人民为师，诚心向人民学习，虚心向人民求教，就能够得到源源不断的实践力量和理论智慧。"①

（一）推进党的理论创新必须深入人民群众做好调查研究

深入基层、深入群众，通过调查研究，了解人民之需、群众之盼，及时发现问题、解决问题，是我们党一以贯之的优良传统。习近平总书记强调："马克思主义中国化时代化成果，都是党和人民实践经验和集体智慧的结晶。无论是毛泽东思想、中国特色社会主义理论体系，还是新时代中国特色社会主义思想，无不源自人民的智慧、人民的探索、人民的创造。人民群众身处实践最前沿，对实践变化感知最敏感、感受最深切，也最聪慧，只要走到人民群众中去，很多百思不得其解的问题就能豁然开朗、找到答案。我们的各项工作实践要走好群众路线，推进党的理论创新也要走好群众路线，决不能闭门造车、坐而论道、流于空想。"②

调查研究是党的传家宝，也是习近平总书记反复强调的做好领导工作的一项基本功。

1982年3月至1985年5月，习近平先后担任河北省正定县委

---

① 习近平：《开辟马克思主义中国化时代化新境界》，《求是》2023年第20期。

② 习近平：《开辟马克思主义中国化时代化新境界》，《求是》2023年第20期。

副书记和书记。在正定工作的三年里，他总说："走，我们去跟谁聊聊。"①同群众拉家常，是他深入走访调研的工作方式之一。1984年3月底的一天，河北省正定县四大班子领导成员同时收到内容相同的信，来信署名是"习近平"。来信提到改进领导作风的几项规定，要求他们脱身冗务，着眼基层，着力实际，信中写道：

"大家上任半年多了，人们还习惯称我们'新班子'。我体味，其中不无期盼之意，上上下下都希望我们有一个新作风。初任伊始，县委做出了关于改进领导作风的几项规定，提出反对衙门作风，注重调查研究，以每年三分之一时间深入基层而自律。由于实力不行，尚未成风气。现今，全年工作已基本部署就绪，大量工作转向落实，我们要脱身冗务，着眼于基层，着力于实际。大家分包各线，联系乡镇，要多下去走一走，看一看，实实在在地调查研究一番，多一些真情实况，长一些真知灼见，更有效地指导工作，解决问题。

凡事务求贯彻。到基层调研，要一下到底，亲自摸情况，直接听反映。寻求'源头活水'，可以登门入户，4月份每人了解10个典型。除本人联系户外，顾及'两户一体'、知识分子、老干部诸方面。调查可围绕各阶段中心工作和突出问题进行，失误不足，要求愿望，意见建议，都可列入调查范围。调查所得，要整理加工，形成自己的意见，直接告我。

---

① 《22个故事讲述习近平的调研之道》，新华网2023年7月4日。

深居简出，习之已久，愿能以此为开端，兴起调查研究之风。"①

这封信起到了很好的效果。"接到这封信，县四大班子领导都在机关坐不住了。大家一头扎到基层，调查研究，发现问题，找出办法。"② 当然，从这封信，不仅能看出深入基层、调查研究的工作作风，还能看出问题意识、问题导向的工作方法，同时也能看出通情达理、细致入微的沟通艺术和领导智慧。

《习近平的七年知青岁月》出版说明中写道："习近平总书记是第一位出生和成长在新中国的中国共产党总书记。他有过曲折的少年时代，有过奋斗的青年时代。从农村大队党支部书记到党的总书记，从普通公民到国家主席，从普通军官到军委主席，他在党和国家各个领导层级都干过。从西北到华北，再到东南沿海地区，中国的西部、中部、东部地区他都待过，农民、大学生、军人、干部他都当过。这些丰富多彩的经历，这些重要岗位的历练，这些长时间的经验积累，对他担当重任、继往开来是不可或缺、至关重要的。"③ 这段话很好地概括了习近平总书记一路的成长，而在成长过程中，人民的立场、为民的情怀一以贯之。

比如，在梁家河期间，习近平因为表现优异，被选为梁家河大队党支部书记。他团结带领当地的村民和百姓办沼气、办铁业

---

① 习近平：《知之深 爱之切》，河北人民出版社2015年版，第152-153页。

② 《"刹住新的不正之风没有气势不行"——习近平总书记在河北正定工作的难忘岁月（五）》，河北新闻网2017年9月11日。

③ 中央党校采访实录编辑室：《习近平的七年知青岁月》，中共中央党校出版社2017年版，出版说明第1页。

社、建代销点、修淤泥坝、打井，等等。了解当时情况的知青回忆道："近平在当梁家河村支书短短一年多时间里，就让这个贫穷落后的村子面貌有了很大变化。村里人不仅能吃饱穿暖，还可以用沼气做饭和照明，有灌溉井，有铁业社，有缝纫社，有代销店，有磨坊……原来一到青黄不接时就全村出动去乞讨的贫困村庄，在近平一年多的带领下，变得红红火火，一片生机。"①

再比如，在正定工作期间，习近平作为县委副书记、书记，抓党建、改作风、搞改革、促经济、重历史、拓视野、兴教育、引人才，为当地的发展做了很多的实事、好事。比如，修建荣国府。"正定是北方的历史文化名城，旅游文化资源十分丰富。1983年末，中央电视台要拍摄大型电视连续剧《红楼梦》，原计划用49万元在正定搭建'荣国府'临时外景地，拍完了事。习近平意识到，外景地建在正定，《红楼梦》如果热播，可带动正定旅游业发展。习近平提议，不搭临时建筑，把'荣国府'建成永久建筑，这样既可以增加画面真实性，又能为正定增添新的景观。然而，建设实景'荣国府'需要投资300多万元，当时当地景点隆兴寺的门票刚从1981年的5分钱提高到一角钱，门票收入这么少，300多万元的投资何时才能收回？正定县许多干部心存疑虑。为了打消干部顾虑，县委召开三级干部会议。习近平、程宝怀等县领导告诉大家，要用发展的眼光看旅游、长远的眼光看发展，不能只盯着眼前。顾虑打消了，项目开工了。1986年8月17日，'荣国府'建成……随着《红楼梦》热播，正定旅游业进入黄金时期，一时间游人如织，车水马龙，当年门票收入达到1000多

---

① 中央党校采访实录编辑室：《习近平的七年知青岁月》，中共中央党校出版社2017年版，第146—147页。

万元，旅游业逐渐成为正定的主导产业。"① 再比如，习近平总书记非常重视人才工作，对于人才，他要求大家围绕"看、用、养、招"四个字来做文章。他说，看待人才贵乎正，使用人才贵乎当，培养人才贵乎周，招聘人才贵乎广，才集贤众，方能振兴经济，等等。这些工作的开展，都离不开扎实的调查研究，也体现了鲜明的人民立场和为民情怀。

（二）推进党的理论创新必须尊重人民首创精神

人民的创造性实践是马克思主义理论创新的不竭源泉。"要尊重人民首创精神，注重从人民的创造性实践中总结新鲜经验，上升为理性认识，提炼出新的理论成果，着力让党的创新理论深入亿万人民心中，成为接地气、聚民智、顺民意、得民心的理论。"② 尊重人民首创精神，是由中国共产党的性质和宗旨所决定的，也是中国共产党百年奋斗一以贯之的宝贵经验和制胜法宝。

习近平总书记在二十届中央政治局常委同中外记者见面时的讲话中强调："新征程上，我们要始终坚持一切为了人民、一切依靠人民。一路走来，我们紧紧依靠人民交出了一份又一份载入史册的答卷。面向未来，我们仍然要依靠人民创造新的历史伟业。道阻且长，行则将至。前进道路上，无论是风高浪急还是惊涛骇浪，人民永远是我们最坚实的依托、最强大的底气。我们要始终与人民风雨同舟、与人民心心相印，想人民之所想，行人民之所

---

① 《同呼吸才能心相印》，河北新闻网 2013 年 8 月 27 日。
② 习近平：《开辟马克思主义中国化时代化新境界》，《求是》2023 年第 20 期。

嘱，不断把人民对美好生活的向往变为现实。"① "乐民之乐者，民亦乐其乐；忧民之忧者，民亦忧其忧"。我们党从诞生之日起，就把"人民利益高于一切"鲜明地写在自己的旗帜上，融入自己的全部奋斗实践中。坚持一切为了人民、一切依靠人民，尊重人民首创精神等重要思想，体现了我们党一以贯之的人民观，也是新时代理论创新的出发点和落脚点。

（三）让党的创新理论深入亿万人民心中

思想统一是政治统一、行动统一的基础。在政治上行动上同党中央保持高度一致，首先要在思想上同党中央保持高度一致。学习贯彻习近平新时代中国特色社会主义思想是新时代新征程开创事业发展新局面的根本要求。要全面系统掌握习近平新时代中国特色社会主义思想的基本观点、科学体系，把握好这一思想的世界观、方法论，坚持好、运用好贯穿其中的立场观点方法，不断增进对党的创新理论的政治认同、思想认同、理论认同、情感认同，真正把马克思主义看家本领学到手，自觉用习近平新时代中国特色社会主义思想指导各项工作。

在"两个大局"加速演进并深度互动的时代背景下，我国各领域都面临着一系列新的重大课题，"中国之问、世界之问、人民之问、时代之问给我们提出的新考题比过去更复杂、更难"②，面对"新考题"，提交"满意答卷"，要求我们必须牢牢把握

---

① 习近平：《在二十届中央政治局常委同中外记者见面时的讲话》，《求是》2022 年第 22 期。

② 《及时科学解答时代新课题（人民观点）》，《人民日报》2023 年 7 月 25 日。

习近平新时代中国特色社会主义思想的世界观和方法论，从理论与实践的辩证统一、互促共进上，不断开辟马克思主义中国化时代化的历史新境界、理论新境界、实践新境界。

习近平总书记强调："学习新时代中国特色社会主义思想的目的全在于运用，在于把这一思想变成改造主观世界和客观世界的强大思想武器。"① 对党的创新理论最新成果的持续深入学习，贵在坚持理论与实际相结合，知行合一、学以致用。我们要深刻领悟"两个确立"的决定性意义，增强"四个意识"、坚定"四个自信"、做到"两个维护"，积极把对党的创新理论最新成果的持续深入学习转化为踔厉奋发、笃行不怠的思想自觉、政治自觉、行动自觉，推动各项工作落地落实、见行见效，以实际行动和实践成果，不断为强国建设、民族复兴伟业添砖加瓦、增光添彩。

---

① 习近平：《在二十届中央政治局第四次集体学习时的讲话》，《求是》2023年第10期。

着力推动粤港澳大湾区高质量发展

彭芳梅

> 彭芳梅，中国人民大学区域经济学博士，现为中共深圳市委党校决策咨询部副主任、教授，全国经济地理研究会常务理事。主要研究领域为区域经济、城市创新发展、湾区建设等方面。曾被评为深圳市优秀教师，深圳市干部培训好课程主讲人、深圳市精品课主讲人，获全国党校系统科研成果奖三等奖、广东省党校（行政学院）系统科研成果一等奖、深圳市哲学社会成果一等奖，多次获教学质量奖、教学贡献奖、科研贡献奖、决咨贡献奖等。

建设粤港澳大湾区，是习近平总书记亲自谋划、亲自部署、亲自推动的国家重大战略。2017年7月，建设粤港澳大湾区上升为国家重大区域战略以来，总书记多次亲临大湾区，对大湾区的建设作出重要的明确指示。2018年，习近平总书记视察广东时明确强调，要把粤港澳大湾区建设，作为广东改革开放的大机遇大文章抓紧做实，把大湾区建设摆在重中之重，以珠三角为主阵地，举全省之力办好这件大事。党的二十大明确，从现在开始，党的中心任务是以中国式现代化推进中华民族伟大复兴。2023年4月，习近平总书记再次视察大湾区，在新的历史时空背景下对大湾区的建设作出了新的明确要求，"使大湾区建设成为新发展格局的战略支点，高质量发展的示范地，中国式现代化的引领地"。

一、从区域经济看粤港澳大湾区的时代价值

（一）从国家区域战略和区域政策演进看粤港澳大湾区的特定战略意图

2012年以来，随着我国的重大区域战略演进，基本形成了"1+5"的区域发展战略格局。"1"指的是"一带一路"建设，是统筹我国新的历史时空下对内对外开放的问题。另外5个区域战略都是习近平总书记亲自谋划、亲自部署、亲自推动的重大区域战略。

事实上，区域发展、区域问题是第二次世界大战以来，各国都纷纷重视的一个推动国家发展的重要内容。所以区域经济学的兴起也是从第二次世界大战以后，20世纪五六十年代兴起的。纵观区域经济理论的各种学说、流派，固然是有多种区域理论的，但基本可以划分为均衡的发展理论和非均衡的发展理论。这两种区域经济发展理论，在我国都有一些具体的实践。

所以本课将新中国成立以来到十八大之前，我国区域发展战略和区域政策的演变大致做了一个梳理，可以分成三个阶段。

第一阶段：大概是1949—1978年，国家区域实践整体表现为区域均衡发展战略时期，典型的特点是计划配置资源，工业布局

由沿海向内地推进，呈现的总体特点是整个经济增长速度是比较慢的，区域发展也是比较慢的。

第二阶段：大概是 1979—1998 年，为了解决快速发展的问题，国家的区域战略演进从原来的均衡发展转向非均衡发展，也可称之为"梯度发展"战略。资源配置手段从计划经济向市场经济转型，生产力布局从鼓励沿海率先发展，然后内地跟进发展。总体特征是区域经济加速发展。但同时区域发展出现了一些问题，比如说东部地区率先发展了但中西部地区和东部地区的发展差距似乎也拉大了，所以进入到第三阶段。

第三阶段：1999—2012 年，可称之为区域协调发展阶段。为了更好地推动区域发展，1999 年提出了西部大开发、2003 年提出了东北振兴、2005 年中部崛起、2010 年主体功能区战略等。这些区域战略的演进体现了党和国家高度密切关注区域协调发展，致力于解决区域差距、区域发展不平衡等问题。这一阶段区域发展的状态呈现经济进一步快速发展，区域问题也得到一定程度的解决。

为什么新中国成立以来到十八大之前，国家要及时地转变区域发展战略呢？在 2015 年的时候，习近平总书记实际上带着大家做了一个思考，"区域发展不平衡有经济规律作用的因素，但区域差距过大也是个需要重视的政治问题"[1]。

我们从经典的区域经济学倒"U"形理论学说，可以区分两组概念，第一组就是均衡与非均衡的涵义，第二组就是协同发展、协调发展的涵义。

---

[1]《习近平与"十三五"五大发展理念·协调》，"学习中国"App 2015 年 11 月 1 日。

首先，我们看这个理论显示了一个什么样的状态？随着一个区域的发展阶段的演进，比如说从起飞期到快速发展期再到成熟期，这是一个发展阶段的演进，那么随着阶段的演进，区域发展不平衡程度，它会呈现一个先扩大再缩小的过程。

其次，从这个倒"U"的理论学说里，我们可以得到一个基本的判断，均衡和非均衡是区域发展的不同状态，比如说在区域起飞阶段，区域经济发展虽然也是均衡的，但它是低水平的均衡。当发展到成熟阶段的时候，区域发展达到新的均衡，这一种均衡是通过改变低水平的均衡，通过发展，然后实现一个高水平的均衡。而这个发展的过程就是区域差距不断缩小的过程。理论描述的理想的状态仿佛显示着区域差距会自动缩小。而现实情况可能不是这样的，如果不加以重视并解决区域发展差距、区域发展不协调等问题，可能会导致区域差距越来越大。所以"均衡"和"非均衡"是区域发展的不同状态，而协调、协同发展是推动区域发展从"非均衡"转向"均衡"发展的动态过程。这个过程中，区域均衡不可能自动地实现。因此我们要想办法推动协调发展。区域发展呈现的各种问题，比如发展差距过大、发展不平衡不充分等问题，不能放任不管，所以才有了区域战略及时的调整、及时的转向。问题在于，2012 年之前，我国区域发展基本上形成了四大区域板块，但是区域发展的问题仍然存在很多问题。这时，我们就要重新思考区域发展战略、区域发展的新思路和新原则。为此，习近平总书记强调，"区域协调发展不是平均发展、同构发展，而是优势互补的差别化发展"[①]。党的二十大报告特别强

---

① 《习近平与"十三五"五大发展理念·协调》，"学习中国"App 2015 年 11 月 1 日。

调:"深入实施区域协调发展战略、区域重大战略……构建优势互补、高质量发展的区域经济布局。"①

为了更精准地解决区域发展新问题,应对区域发展的新情况,首先我们需要识别,十八大以来区域发展也出现了一些新情况、新问题,可表述为四个方面,即区域经济分化态势明显,经济重心进一步南移;区域发展动力极化现象更加凸显;东北地区、西南地区发展滞后的问题;传统工矿区发展活力不足等问题。因此未来推动区域协调发展需要新思路。为此习近平总书记也给了答案,我国区域发展的新思路、新原则体现为三个方面:一是要尊重客观经济规律,二是要充分发挥各地的比较优势,三是要完善空间治理和保障民生底线,从而形成当前我国"1+5"的区域发展战略格局,包括"一带一路"建设、京津冀协同发展、长江经济带建设、粤港澳大湾区建设、长三角一体化发展、黄河流域生态保护和高质量发展。而每个区域的发展都有其特定的战略意图所在。北部京津冀协同发展最大的问题是什么?如何解决发展落差问题?因此要以"扭住北京非首都功能这个牛鼻子",疏解北京经济功能,疏解到河北地区,从而带动河北地区的发展。长江经济带横跨我国西部、中部和东部地区,是个大尺度的区域。在新的发展思路下,长江经济带的发展要更加关注绿色发展、打造更精准的城市群,培育新的区域增长极。

那么位于我国南部的粤港澳大湾区,最大的不同于其他区域的优势是什么?涵盖香港和澳门在内的,粤港澳三地的综合优势。所以我们分析粤港澳大湾区特定的战略意义,首先首当其冲的是

---

① 《中国共产党第二十次全国代表大会文件汇编》,人民出版社 2022 年版,第 26 页。

全面推进内地与港澳互利合作，粤港澳三地的综合优势也正体现在此。东部，长江长三角区域一体化。长三角城市群发展协调性好、发展层次高，所以它最大的比较优势是在更高起点上深化改革，在更高层次上对外开放。西部，黄河流域生态保护和高质量发展，我们知道西部地区最大的优势是广阔的空间，所以我们发现这几年来配合"双碳"目标，国家在西部大手笔地布局了众多新能源基地，通过这种新能源基地大项目大投资来带动黄河流域的高质量发展。

总而言之，东西南北中，全国一盘棋，每个区域都有一个精准的区域战略，每个区域都有特定的战略意图。从国家区域版图来看，大湾区特定的战略意图非常明显。首当其冲的是有利于为港澳经济社会发展及港澳同胞到内地发展提供更多的机会，保持港澳长期繁荣稳定。第二个是有利于为我国经济创新力和竞争力不断增强提供支撑。第三个是有利于深化改革开放。大湾区得益于开放的先行优势。未来在开放的新格局下我们怎么样走出去，怎么样引进来，是有特别的期待。

（二）从区域经济理论看大湾区发展的成效和前景

当今世界经济版图的突出亮点是什么？我们研究发现，第二次世界大战以来世界经济版图的突出亮点仿佛都在入海口。我们进一步地研究这些入海口的城市，它们都有一些共同的特征，表现为四个方面，即具有开放的经济结构、高效的资源配置能力、强大的集聚外溢功能、发达的国际交流网络。世界一流城市的显著特征似乎也告诉我们，粤港澳大湾区的城市是可以对标对表的。从这些共性里面也可以找到我们的优势，比如说开放优势、市场营商环境方面的优势，但同时在发展大湾区城市的集聚外溢功能和四通八达的国际交流网络方面我们还可以再发力。再进一步研究世界知名湾区发展共性，我们也找到了一些规律，比如说纽约湾区，纽约湾区是世界金融和贸易中心，湾区内聚集了众多的世界级科研机构和跨国公司的研发中心。这一点对我们是有启发的，汇聚全球产业链、高端产业链是湾区竞争力的关键所在。再比如，旧金山湾区是全球创新中心，湾区内拥有一大批引领全球产业技术创新的高科技公司。但是这个湾区没有制造业，它是通过技术策源地和技术发明等，影响着全球产业的发展，甚至是引领着、指挥着全球产业的生产。这也可以给我们有益启发，大湾区内深圳、广州、香港各有各的创新优势。比如深圳的科技成果产业化优势显著，但是仔细分析发现，我们和旧金山湾区是有差异的，我们更多的是生产，更多的是制造。所以在源头、在策源地我们还可以发力。再比如，东京湾区是世界制造金融和贸易中心，研究发现东京湾区在机械、汽车、电子产品等领域科技创新水平遥遥领先，但它的组织生产也不在东京，而是在湾区外部指挥着生产。

从世界一流湾区的主要特征分析中，我们是可以找到一些共性的高端要素集聚，甚至是引领着、控制着全球经济。对标这三大湾区，我们虽然有一定的基础优势，但更明显的差距也是突出的，还有广阔的大有可为的空间。

（三）粤港澳大湾区发展的现状

近十年来，建设粤港澳大湾区的成效也是显著的。所以我们也做了一个对比，与世界三大知名湾区相比较，我们是面积最大、人口最多的湾区。作为中国发展基础最好、体制环境最优、整体竞争力也不错的区域，已经成为我国构建新发展格局的重要支撑。可从五个方面来描述发展成效：一是联通型湾区正在加速形成，湾区内部高效便捷的现代综合交通体系正在加速形成。二是发展型湾区不断提升，经济与发展水平全国领先，产业体系比较完备，集群优势比较明显，湾区内部城市间的经济发展有一定的互补性。三是创新型湾区正在形成合力。世界知识产权官网发布的2023年全球创新指数"科技集群"排名显示，深圳—香港—广州连续四年成为全球第二大科技集群，东京—横滨位列榜首。四是开放型湾区继续领先。香港一直以来是全球排名第三的世界城市，仅次于伦敦和纽约，英国《经济学人》杂志每两年公布一次世界55个城市的排序，广州、深圳、澳门的位次不断上升，可见作为一个整体，开放型湾区的开放优势继续领先。五是共享型湾区影响力不断增强。粤港澳大湾区香港、澳门和珠三角九个城市本来就是文化同源、人缘相亲、民俗相近的地区。近年来我们可以欣喜地看到，更多的港澳青年来粤创业就业了，港澳居民到内地就学待遇基本上全面落实，社会政策的有效衔接也在加速推动。在过去的40多年间，在基础设施、投资贸易金融服务等领域，合作成效是显著的，已经形成了多层次、全方位的合作格局。共享型湾区正在加速形成。但是我们和世界湾区名城相比较而言，我们确实还有差距。与10个世界湾区城市，从发展规模、发展质量、发展开放度、发展支撑、发展潜力和发展可持续性这六个方面实证分析，结果就出现了类别。第一类是综合发展型城市，最好的东京、伦敦，综合评分最高。第二类是门户型城市，香港是独一无二的。第三类是科技见长型城市，比如旧金山湾区的圣塞河、旧金山。第四类是快速发展型城市，广州和深圳位居此列。以快速发展和规模优势见长，但是仍然属于发展的追赶阶段。看到对标对表时，我们还有很多工作要做。第五类是相对稳定型城市，比如悉尼和澳门。

二、推进粤港澳大湾区建设面临的三个关键问题

在大力推进粤港澳大湾区建设过程中，一定还会遇到各种各样的困难，也会面临很多的问题。这都是发展中的困难和问题，关键在于我们要把握一些关键问题。把握了关键问题、认清楚了关键问题，在推进建设过程中方向也就更明确了，定力也就更坚定了。

（一）从综合优势看，如何发挥中心城市优势建成世界级城市群

2018年11月，习近平总书记会见港澳地区庆祝改革开放40周年访问团时，特别强调，粤港澳大湾区建设，国际上没有先例。我们要发挥粤港澳综合优势，努力建设好粤港澳大湾区。[①] 2019年2月，《粤港澳大湾区发展规划纲要》发布，明确了粤港澳大湾区将建成充满活力的世界级城市群，并且明确"香港、澳门、广州、深圳"是四个中心城市，湾区内的其他7个城市是重要节点城市。为什么要如此重视城市群建设？纵观少数发达国家，我们也发现，这些国家的经济也是集中在少数城市群的。因此，2019年8月，习近平总书记在全国财经委会议上强调，城市群正在成为我国经济发展要素的主要承载空间形式。我们必须适应这

[①] 习近平：《会见香港澳门各界庆祝国家改革开放40周年访问团时的讲话》，《人民日报》2018年11月13日。

种新形势、新思路。①

纵观对比世界城市群，我们发现，当今世界有六大城市群，其中有两个在北美、两个在欧洲、两个在亚洲。我国的长三角城市群上升到世界第六大城市群。所以通过打造和建设城市群，正在成为我们发展的主要的空间载体，成为我们推动区域发展重要载体、重要抓手。在"十四五"规划中，国家提出要打造 19 个国家级城市群，在全国的空间版图上，通过城市群这么一个抓手谋发展。当然这 19 个城市群里最常常被提及的是京津冀城市群、长三角城市群、珠三角城市群，其中珠三角城市群具体描述为以珠三角为载体，携手港澳共同打造粤港澳大湾区城市群，此外还有最近几年发展速度比较快的成渝城市群和长江中游城市群。

粤港澳大湾区城市群的协调性怎么样？经济总量过万亿的城市有香港、深圳、广州、佛山和东莞。与其他 6 个城市（澳门、珠海、惠州、中山、江门、肇庆）的经济总量相比较，大湾区内部经济发展落差还是很明显的。因此未来的高质量发展必须要求缩小差距。而解决这个发展落差大的问题，关键在于如何发挥各地各自的比较优势，从而真正实现建成充满活力的城市群，这也是摆在大家面前的现实问题。

认清这个现实问题，也要有观念上的改变。不能一味地表明我们发展协调性不好，所以发展质量不高。首先我们要承认 11 个城市发展的基础条件不同、资源禀赋不同、工业发展阶段也不同，因此存在差异，甚至是当前的落差，是很正常的。其次就是要适应城市群建设的新思路和新形势，识别各地的比较优势，特别是

---

① 习近平：《推动形成优势互补高质量发展的区域经济布局　发挥优势提升产业基础能力和产业链水平》，《光明日报》2019 年 8 月 26 日。

发挥中心城市的优势，增强各自的比较优势，推动城市间的合作发展，在大湾区内部形成分工合理、功能互补的都市圈，从而推动粤港澳大湾区建成世界级城市群。同时，正确认识中心城市功能，并准确把握中心城市各自优势，是真正推动形成综合优势和推动大湾区城市群建设的重要前提。

对于区域发展而言，为什么一定要有中心呢？据我们问卷和访谈的结果来看，学员们对此也有疑惑，比如有的学员问"大湾区多中心是基于现实还是基于规划的发展需要？""在推进大湾区建设中，大湾区发展，是否一定要确定单中心还是多中心？""经济发展规律是否取决于规划本身？""产业集聚与融合，是否更应该根据各城市的自然、人文禀赋，依据市场规则自己走出来？"那么，对于建设粤港澳大湾区，为什么一定要有中心城市呢？经典的增长极理论说道："增长并非同时出现在所有的地方，它以不同的强度首先出现于一些增长点或增长段上。"这些增长点或增长极，会率先增长，尽管可能会在地理上形成"空间二元结构"，但是增长极的发展和增强，是增强区域整体发展和竞争力的有效形式。在不平衡发展的常态下，通过打造、培育增长极，做大、做优、做强增长极，既是客观经济规律使然，也是更好发挥中心城市优势功能所在。所以对于5.6万平方公里的粤港澳大湾区来说，在建设的过程中，不仅要更加重视中心城市的功能，更要培育大尺度空间下，更加精准的小尺度增长极，形成推动高质量发展的更有效的空间载体。

此外，《粤港澳大湾区发展规划纲要》中明确了4个中心城市，那这个中心究竟是什么？也有学员对此有疑惑。比如，有的学员问，过去1000年的历史上，粤港澳大湾区是否存在中心城市，历史上大湾区中心城市是如何演变的？是多中心还是单中心抑或无中心？中心是不是更多指的是经济中心？对此，我们认为，粤港澳大湾区城市群的中心城市一定是发挥各地差异化优势的中心城市。香港是更具竞争力的国际大都市。澳门是中华文化交流和对外交流合作的基地。广州和深圳各自的中心功能也是不相同的。广州需要强化综合城市功能，建设教育医疗中心、对外文化交流门户和国际性综合交通枢纽，开展国家服务业扩大开放综合试点，提升城市规划、建设、治理水平，实现老城市新活力和"四个出新出彩"。而深圳要以加快建设全球领先的重要的先进制造业中心为抓手，打造更具全球影响力的经济中心城市和现代化国际大都市，建设好中国特色社会主义先行示范区，创建社会主义现代化强国的城市范例。

学员们也会问到，如何发挥好中心的先行、带动和融入协同作用，最终做到大湾区一体化发展？因此，接下来就是如何更好地发挥中心城市优势，推动大湾区城市群的发展形成合力？其实，党的二十大报告给了我们很明确的方向，那就是"充分发挥市场在资源配置中的决定性作用，更好发挥政府作用"[1]。首先，我们推进大湾区建设，更好发挥政府作用，顶层设计一定不能违背市场规律。我们调查研究产业转移的规律显示，只有以制造业为主的转移能够实现产业分工合作和产城融合的双重目标。而生产性服务业是无法离开市中心的，更倾向于在城市中心聚集，尽管聚集的尺度略有差异。因此，发挥中心城市优势，推进湾区城市群建设，核心问题是科学配置要素资源，实践表现为发挥好市场与政府作用，实现要素市场一体化。结构表现为产业链的关联效应，

---

[1] 高培勇主编：《经济高质量发展理论大纲》，人民出版社 2020 年版，第 22 页。

形成合理的区域产业链分工，比如梯度、互补等产业结构。空间表现为既有中心城市，也有重要节点城市，中心城市内部也有不同的中心功能区域，最后形成湾区内部的多个都市圈，支撑着湾区城市群。

（二）从开放优势看，如何把握开放先行优势更好融入和服务新发展格局

我们认为推进粤港澳大湾区建设，要把握的第二个关键问题是对开放先行优势的认识。自1978年以来，在国家发展大局中，粤港澳大湾区得益于开放的先行优势，取得了长足的发展，创造了区域发展的奇迹。深圳就是在先行开放的背景下逐步发展成为今天的湾区中心城市。习近平总书记在2020年深圳经济特区建立40周年庆祝大会上讲道："深圳是改革开放后党和人民一手缔造的崭新城市，是中国特色社会主义在一张白纸上的精彩演绎。"①现在的问题是，不仅是深圳，对大湾区而言，应该思考如何发挥先行开放的优势，更好地融入和服务新发展格局。为此，更重要的是要认识清楚，在新的历史方位下，我国开放大局呈现了一些新的特点、新的变化。方向把握准了，目标才会更清晰、更精准，才能更好地融入并继续服务新的开放格局。

为此，我们研究了1978年以来，我国的开放主要特点，并对未来我国开放的新特点作出研判。为了更清楚地对比分析，我们将从1978年改革开放到新中国成立100周年时的2049年，这70多年，大致分为2个35年。第一个35年，是1978—2012年，我

---

① 习近平：《在深圳经济特区建立40周年庆祝大会上的讲话》，人民出版社2020年版，第2页。

国的对外开放呈现出 5 个特点：一是以出口导向为主，二是以引进外资为主，三是以沿海率先开放为主，四是以工商业为主，五是以适应国际规则为主。很显然，第一个 35 年的开放基本特点，让我们富起来了，但这 5 个基本特点现在已经不适应中国发展的需要了。这 35 年间，我们从"站起来"到"富起来"。目前我们正在走向"强起来"。所以具备先行开放优势的粤港澳大湾区，更要准确把握适应"强起来"的开放时代特点。只有把握住了大势规律，着力点才会更准，才能更好地发挥我们的开放优势，进而融入和服务国家发展大局。

为此，我们也研究了第二个 35 年（2012 年 21 本世纪中叶）的开放特点，将会呈现五个新的基本特点。这五个基本特点的准确认知和把握，对发挥粤港澳大湾区开放优势是非常必要且非常重要的。我们认为，准确把握这五个新的开放特点，大湾区的开放发展也一定会有更精准、更有针对性的着力点和发力点。

第一个特点是从以出口导向为主转向鼓励出口，努力扩大进口。以前我们是以出口导向为主，未来将转向鼓励出口、着力扩大进口。这个转变已经在悄然发生了。据统计，2012 年以来，我国每年的出口增长保持在 6%~7%。粤港澳大湾区会高一些，因为粤港澳大湾区经济外向程度更高一点。但是跟过去 35 年相比，我们的出口增长是年均两位数，就是在 10%~20%。更值得注意的是，我们有个基本的研究判断，出口大国不一定是经济强国。显而易见的是，以出口导向为主的经济增长很容易受到外部环境的冲击、外部需求市场的冲击。但是一个进口大国一定是经济强国，理由至少有三个：一是进口大国，其国内的居民购买力是没问题的。二是进口大国的货币有望成为世界硬通货。三是进口大国在国际贸易过程当中有议价权，也有定价权，可能还有规则的主导权。这是不是事关强国呢？

第二个特点从以引进外资为主转向鼓励中国企业走出去。过去五年我国年均引进外资约 1400 亿美元，五年合计大约就是 1400 亿美元×5 年＝7000 亿美元，而我国企业外出投资量是 8000 多亿美元。这有两个重要的特点，一是过去五年的外出投资大于过去第一个 35 年的外出投资总额度，二是过去五年的外出投资大于引进的外商投资。这给了我们很大的启示，大湾区的企业要走出去，要适应这样一个开放特点的转变。不是"抢订单"，更重要的是要"走出去"。当然走出去的过程当中我们还要尽可能地实现"走进去""走上去"。

第三个特点是从以沿海率先开放为主转向沿海内地全方位开放。据统计，2012 年以来，我国的各类国家新区增加到 17 个，除浦东新区、滨海新区之外，有 5 个在沿海地区，10 个在中西部地区。2013 年 9 月中国（上海）自由贸易试验区揭牌运行以来，这些年来，党中央先后分 6 批次部署建设 21 个自由贸易试验区，全国空间版图全覆盖，内陆并重地全方位开放。同时，我们更应该认识到，开放绝不是一种地理区位上的开发，本质上，开放是发展理念、是制度安排、是办事方法。所以粤港澳大湾区也要清楚，在先行开放的基础上，怎么样适应这种变化，怎么样更好地推进深化改革开放。

第四个特点是从以工商业为主转向全方位、宽领域、多渠道的产业开放。以前，虽然说我们有外资银行，20 世纪 90 年代我国引进的第一家外资银行落户上海浦东新区，但是大家也知道外资银行在中国注册开办，很多业务是不能开展的。外资银行的金融资产占全国金融资产的比重不到 5%，但是外资在工商业领域的资产占比达 20%以上。未来开放领域将会大大拓宽。当然也还有很多人担心全方位、多渠道、宽领域的开放会对我们产业、行业发展形成冲击。对此，我们要有基本的判断，正是这种开放倒逼了我们的改革、倒逼了我们的产业发展，适应国际市场竞争，在市场上形成更高质量的产业发展、行业发展。粤港澳大湾区的开放发展，我们要有开放的思想，也要有这种意识，主动识变、主动谋变。

第五个特点就是从以适应国际规则为主转向参与讨论制定规则。我们的开放以前更多的是适应规则，现在我们更多地要转向参与讨论，甚至制定规则。"走出去""引进来""全方位、宽领域、多渠道"开放为了什么？不是为了被动地去适应，而是更多地转向讨论、制定规则。粤港澳大湾区要有这个意识和主动作为，才能更好地融合和服务新发展格局。

（三）从产业优势看，如何立足制造基础优势支撑实体经济竞争力

总体而言，粤港澳大湾区经济发展水平全国领先，产业体系完备，集群优势明显，经济互补性强，香港、澳门服务业高度发达，珠三角九市已初步形成以战略性新兴产业为先导、先进制造业和现代服务业为主体的产业结构，2022年大湾区经济总量约13万亿元。但是粤港澳大湾区产业发展呈现"全而不强"。以美国苹果公司的手机生产和销售为例，据统计，这些年来，苹果手机每款新款全年销售量大概是2亿部，平均售价是每部1000美元。这2亿部手机有1.7亿部是由中国生产的。每部苹果手机的基础成本大概是60%，利润是40%。我们可以简单地算笔账，每部手机均价1000美元×1.7亿部=1700亿美元。而中国参与生产环节，所得利润大约是10%，即1700亿美元×10%=170亿美元，大部

分利润归属苹果公司,其所获利润为 1700 亿美元×30% = 510 亿美元。在中美贸易摩擦不断的时代大局中,苹果公司坚持用中国制造,因为中国制造有其他国家不具备的显而易见的优势,比如中国的工人勤劳、训练有素,中国制造业产业门类齐全、产业配套最完备,中国制造在全球的组装生产是最迅速高效,且产业质量最高。这言外之意不言而喻,中国制造是有优势的,但是我们也从这个利润链条当中发现我们是不强的。

同时制造业基础全而不强的产业发展,还面临着诸多风险挑战。比如产业链断链的风险,关键技术断供的风险,基础研究特别是前沿基础研究缺失的风险。如前分析,在开放发展的第一个 35 年间,粤港澳大湾区产业发展起来了,但发展路径显示,首先是广泛引进海外先进产品,再探究该产品先进的原因。这样的产业发展路径是"从产业到技术到科学",模式是"引进,消化,吸收,再创新"。

如今,尽管国内有些科技在世界范围内已处于领先地位,濒临"无人区",但一些关键核心技术还有待突破。科技引领下的产业创新路径要调整为"从科学到技术到产业";产业创新发展模式则"以科学引领产业"来实现集成创新和原始创新。因此粤港澳大湾区的产业发展要从源头创新抓起,要把关键核心的竞争力牢牢掌握在自己手里!

综上,这是我们要把握的三个关键问题,如果把握不准,认识不到位,那么粤港澳大湾区的高质量发展就可能会受阻,发展的质量也会大打折扣。

三、着力推动粤港澳大湾区高质量发展的三个维度

高质量发展是有明确内涵的,即新发展理念指导下的发展是高质量发展,具体可表述为创新成为第一动力、协调成为内在要求、绿色成为普遍形态、开放成为必由之路、共享成为根本目的,这样的发展才是高质量发展。在这么一个内涵的框架范围内,我们把高质量发展进行一个金字塔结构的三个维度的建构,可能对推动粤港澳大湾区高质量发展,找到着力点和发力点。位于金字塔结构最顶端的代表价值,作为高质量发展的内核、硬核,我们称之为"链"。位于金字塔最底部的代表宜居,作为高质量发展的基石,我们称之为"质"。而位于金字塔中间的代表活力,形成高质量发展的活力,我们称之为"流"。(如图1所示)

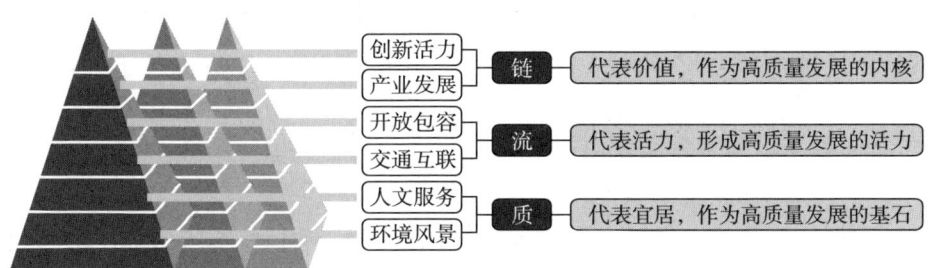

图1 高质量发展

(一)强链突破,抢占高质量发展先机

我们通常所讲强硬核练内功,这个硬核位于金字塔的顶端,代表着高质量的价值,作为高质量发展的硬核至少包括创新活力和实体产业两个方面。因此,我们首先从强链突破看,怎么抢占

高质量发展的先机。

一方面,从科技引领的创新发展来看,日本学者汤浅研究发现每80年左右,世界近现代科学中心,存在一个国与国之间的大转移,学术界将此表述为"汤浅规律"或"汤浅现象"。历史上意大利、英国、法国、德国都曾经是世界科学中心,第二次世界大战以来,得益于欧洲科学家大转移到美国,美国成为20世纪40年代以来的世界科学中心,至今已有80多年。现在这个世界科学中心依然还是美国,汤浅预测,如果这个规律一如既往地存在,那么21世纪这个世界科学中心也可能发生一次国与国之间的大转移。究竟会转移到哪里呢?莫衷一是。但是,我们要清醒地意识到,百年未有之大变局中,我们更应该准确识变、科学应变、主动求变;在规律和趋势面前,我们更应该积极部署和作为。

自第一次工业革命以来,人类社会的生产力得到极大的解放和发展。这200多年的发展历史显示,正是因为颠覆性技术周期性变动,才得以不断地孕育新的产业和新的增长点。简而言之,从工业革命到运输机械革命、电力革命再到信息革命,每一次的技术颠覆性地出现,会成就一个新的产业,产业会带来一轮新的繁荣,而这个繁荣会成就一个国家的发展。

那么进入21世纪的当今时代,新一轮科技革命方兴未艾,这个颠覆性技术的出现会在哪里?产业会以一种什么样的形态到来?并未定论。但是我们有一个基本的判断,这个周期性的变动机会来了。在这个变动的机遇面前,我们要去抢占、要去作为、要去部署。而粤港澳大湾区责无旁贷,当然要抢占在率先、行动落在实处。

同时我们还要有清醒的认知,抢占布局颠覆性科技创新,不是单靠哪个企业就能实现的,也不是单靠哪一个城市就能成就的。

我们研究美国的科技创新体制，发现美国的基础理论研究和科技前沿研发，背后是"举国体制"，是美国联邦政府在扶持。

因此对于粤港澳大湾区的科技创新、科技自立自强而言，我们更应该发挥在党的领导下推进国家综合科学中心的建设，挖掘和发挥中心城市各自在创新发展方面的优势，把"1+1+1>3"落到实处。当前的创新竞争已经演化为一个创新体系的竞争。以前你可能买得到，现在买不到。你买不到你就没法做产业化。那你买不到怎么办呢？再进一步研究，就不难找到答案。归根到底都是人才决定着科技创新的实力。

所以我们的科技要自立自强，构建以人才为基础支撑的科技自立自强局面。因此大湾区的创新发展，要围绕人才做文章。比如科学发现，是谁来发现？是科学家来发现。技术发明，是谁来发明？懂科研、懂技术的人才来发明。产业发展，是谁来发展？是懂市场、懂行业发展趋势、懂企业管理的人才来发展。

值得注意的是，我们引进的高水平科学家、人才等，要给人才宽松的科研环境和良好的科研保障。不能那么急于兑现、着急产业化立竿见影上产量。谋划科技自强，推动创新发展，要有战略眼光、战略定力，驰而不息、久久为功。

另一方面，高质量发展的硬核是要牢牢抓住实体经济。高质量发展必须坚持以人民为中心的根本立场，经济发展必须建立在财富创造基础之上，建立在创新发展基础之上。马克思认为，劳动是财富的唯一源泉。同时马克思认为，赚钱的途径有两种：一种是大力发展实体经济，通过创造财富来挣钱；另一种是利用"媒介"来"钱生钱"，这个"生"钱的过程，就是资本以平台为媒介对劳动者创造的财富进行掠夺的过程。着力推动粤港澳大湾区高质量发展，必须大力发展制造业和实体经济，防止脱实向虚。我们认为，粤港澳大湾区依然是要做强并且做优制造业的发展。制造业是"立国之本、兴国之器、强国之基"，于粤港澳大湾区而言亦是如此。"皮之不存，毛将焉附？"要防止资本脱实向虚，造成产业空心化、过度虚拟化、过度金融化。

当前更重要的是，我们要认识到，"高精尖"不完全是战略性新兴产业，传统制造产业通过升级改造也能够实现"高精尖"！早在20年前，魏后凯等人在2004年的一项研究中发现，以服装、食品、印刷出版等为代表的都市工业的兴起，使制造业在一些发达国家（意大利）国际大都市中的地位又趋于上升。因此，粤港澳大湾区的制造业技术创新的主体地位依然不可撼动。通过科技创新和产业创意，在低端产业的产业链进行高端创造和提高附加值，是对制造业产业升级的拓展与创新。

同时，粤港澳大湾区实体经济发展绝不止于制造业的发展，而是应该构建更具国际竞争力的现代产业体系。包括加快发展先进制造业、加快发展生产性服务业、大力发展海洋经济和积极培育战略性新兴产业的发展。

为什么要大力发展生产性服务业？我们研究世界知名湾区的发展，发现它们的制造都在湾区外。比如仍然是当今世界的经济强国的美国，它的工业占比只有18%左右，农业也只有不到5%。而服务业占比高达80%。再仔细研究便不难发现，美国的服务业中有一大半是生产性服务业。而世界三大知名湾区，仔细研究它们的产业类别都是以生产性服务业，高端生产要素聚集在湾区为主。按照国际公认的十大生产性服务业标准，在我国的产业产值构成中，占比多少呢？据不完全统计大概就是20%。而美国、日本和欧盟七国的生产性服务业占比基本超过50%。所以我们差距还很大。

值得注意的是，香港正是以现代服务业为主的湾区中心城市，因此香港的生产性服务业发展是优势。粤港澳大湾区内地城市更应该加强与香港的互利合作，在生产性服务业发展方面，我们是可以衔接、融合的。

（二）软硬兼容，推动高质量互联互通

高质量发展要有通道、有支撑。基础设施包括软硬件的互联互通、开放包容的人文环境和文化环境，这正是推动形成高质量发展的支撑所在。

我们也欣喜发现，这40多年间，粤港澳大湾区的互联互通发生了一些阶段性的转变。大湾区要素高效便捷流动，从"硬件互通"到"软件兼容"。粤港澳大湾区发展模式持续进阶，从"前店后厂"到"协同发展"。港澳青年来粤就业"引力"增强，从"北上创业"到"双城生活"。接下来是如何更有效地推动互联互通？

一是携手开放。港澳"一带一路"超级联系人的地位不可替代。虽然由于"一国两制"的差异，大湾区内部还存在阻碍要素流通的堵点，但港澳依托与国际接轨的制度优势，依然明显领先。随着国际形势的变化，"一带一路"正在接触欧美等地区，为港澳继续发挥超级联系人角色提供重要支撑。可以围绕共同打造具有全球竞争力的营商环境、提升市场一体化水平、携手扩大对外开放等方面着力和发力。

二是围绕规则衔接久久为功。对大湾区的规则衔接的路径和方法，我们也专门进行了梳理和研究（如图2所示）。当然我们有个基本的判断，衔接看得见的规则容易，协调看不见的观念是比较难的。所以我们提出，比如协调看不见的法律观，可从法律教育入手。

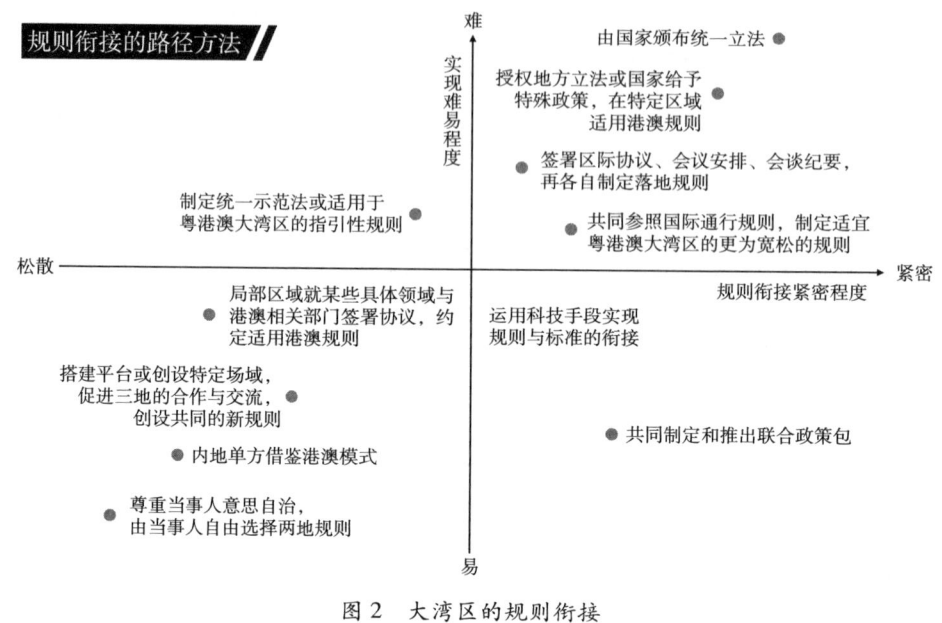

图 2　大湾区的规则衔接

在大湾区，法学教育的功能已经超越了法律技能训练的原始意义，它不仅与法治精神的培养息息相关，还牵涉港澳法科学生，如何培养国家认同感的更大议题。而对比文化多样性更加丰富的欧洲，同文同种且归属同一个国家的粤港澳地区，实在没有理由以文化多样性为遁词，排斥法学教育资源的整合。具体操作上，也可从长短期举措相结合来逐步推进。

比如短期举措，我们可以在大湾区内部试行法学学分转换制度、开办暑期学校、加强师生的流动性、增加远程教学授课、增加湾区的区域法律研究中心、增加湾区法律实务培训中心、围绕共同核心标准的共同研究计划等。从长期规划来看，推动湾区内部的律师执业的流动性、明确司法准入的门槛、探索法律制度的兼容、探索"一站式"法律纠纷解决中心等。需要提醒的是，事关粤港澳大湾区法律观的协调，我们特别需要克服"马洛斯之锤"效应。

什么是"马洛斯之锤"效应？大概就是，"如果你唯一的工具是把锤子，你很容易把每件事情当做钉子来处理"。把每件事情当做钉子来处理，就事论事，这样的衔接容易走向僵局，甚至是一个无可衔接的死胡同。

三是硬件的基础设施互联互通。加强基础设施建设，畅通对外联系通道，提升内部联通水平，推动形成布局合理、功能完善、衔接顺畅、运作高效的基础设施网络，为粤港澳大湾区经济社会发展提供有力支撑。

（三）共享发展，共建高质量生活圈

推动粤港澳大湾区高质量发展的第三个维度，归根到底是要提升大家的获得感、幸福感、安全感。归根到底这也事关长远的发展。因此从共享发展的维度，共建高质量生活圈。

从共建生态文明角度，包括共同打造生态防护屏障、加强环境保护和治理，各地在粤港澳大湾区甚至是全国协同的范围内推动"碳达峰""碳中和"的实现，加快形成绿色发展模式。

当然优质的生活圈不仅仅是生态文明建设，也包括人文湾区建设，营造更加开放包容的环境，增强大家生活在大湾区的共同共识和归属感，还要努力建设休闲湾区、就业湾区、健康湾区，推动湾区内的高端医疗衔接和流动，推动各地医保社保制度的衔接，等等。每一项事业，都需要粤港澳大湾区各城市、各行业、各企业，以及所有的湾区居民齐心协力，共同推进建设。

总而言之，着力推动粤港澳大湾区高质量发展，一要牢牢把握党的领导这个根本保证，把坚持和加强党的全面领导，落实到着力推动粤港澳大湾区高质量发展的全过程、各方面；二要牢牢把握湾区所向的规律趋势，坚持用开放的国际视野和改革促发展

的办法推进粤港澳大湾区高质量发展，致力于建成充满活力的世界一流湾区；三要牢牢把握港澳所需的战略意图，为港澳长期繁荣稳定注入新活力，为"一国两制"事业新实践探索经验、作出贡献；四要牢记地方的使命担当，对标国际国内最高最好最优，利用发挥好粤港澳大湾区综合优势，为全国提供更多可复制、可推广的高质量发展经验。

参考文献

一、文献与著作类

[1]《资治通鉴·唐纪大历十二年》。

[2] [唐]孟郊著,华忱之、喻学才校注:《孟郊诗集校注》,人民文学出版社1995年版。

[3] 马克思、恩格斯:《共产党宣言》,人民出版社2014年版。

[4]《马克思恩格斯全集》第1卷,人民出版社1995年版。

[5]《马克思恩格斯全集》第15卷,人民出版社1963年版。

[6]《马克思恩格斯全集》第17卷,人民出版社1963年版。

[7]《马克思恩格斯全集》第40卷,人民出版社1982年版。

[8]《马克思恩格斯选集》第2卷,人民出版社1995年版。

[9]《马克思恩格斯选集》第4卷,人民出版社1995年版。

[10]《马克思恩格斯著作在中国的传播》,人民出版社1983年版。

[11]《列宁选集》第4卷,人民出版社1995年版。

[12]《列宁全集》第39卷,人民出版社1986年版。

[13]《毛泽东文集》第3卷,人民出版社1996年版。

[14]《毛泽东文集》第 7 卷，人民出版社 1999 年版。

[15]《毛泽东文集》第 8 卷，人民出版社 1999 年版。

[16]《毛泽东选集》第 4 卷，人民出版社 1991 年版。

[17]《毛泽东年谱（1893～1949）》（修订本）中卷，中央文献出版社 2013 年版。

[18]《毛泽东年谱（1893～1949）》（修订本）下卷，中央文献出版社 2013 年版。

[19]《毛泽东著作选读》（上册），人民出版社 1986 年版。

[20]《毛泽东文艺论集》，中央文献出版社 2002 年版。

[21]《邓小平文选》第 2 卷，人民出版社 1994 年版。

[22]《邓小平文选》第 3 卷，人民出版社 1993 年版。

[23]《邓小平思想年编》（1975～1997），中央文献出版社 2011 年版。

[24] 胡乔木：《胡乔木回忆毛泽东》（增订本），人民出版社 2014 年版。

[25]《建党以来重要文献选编》（1921～1949）第 1 册，中央文献出版社 2011 年版。

[26]《十八大以来重要文献选编》（上），中央文献出版社 2014 年版。

[27]《十八大以来重要文献选编》（下），中央文献出版社 2018 年版。

[28]《十九大以来重要文献选编》（上），中央文献出版社 2019 年版。

[29]《中国共产党第二十次全国代表大会文件汇编》，人民出版社 2022 年版。

[30] 习近平：《高举中国特色社会主义伟大旗帜　为全面建

设社会主义现代化国家而团结奋斗——在中国共产党第二十次全国代表大会上的报告》，人民出版社 2022 年版。

［31］《习近平谈治国理政》，外文出版社 2014 年版。

［32］《习近平谈治国理政》第 1 卷，外文出版社 2018 年版。

［33］《习近平谈治国理政》第 2 卷，外文出版社 2017 年版。

［34］《习近平谈治国理政》第 3 卷，外文出版社 2020 年版。

［35］《习近平谈治国理政》第 4 卷，外文出版社 2022 年版。

［36］《习近平著作选读》第 1 卷，人民出版社 2023 年版。

［37］《习近平著作选读》第 2 卷，人民出版社 2023 年版。

［38］习近平：《在文化传承发展座谈会上的讲话》，人民出版社 2023 年版。

［39］习近平：《论坚持人民当家作主》，中央文献出版社 2021 年版。

［40］习近平：《做焦裕禄式的县委书记》，中央文献出版社 2015 年版。

［41］习近平：《在纪念孙中山先生诞辰 150 周年大会上的讲话》，人民出版社 2016 年版。

［42］习近平：《摆脱贫困》，福建人民出版社 1992 年版。

［43］习近平：《在庆祝中国共产党成立 100 周年大会上的讲话》，人民出版社 2021 年版。

［44］习近平：《在学习贯彻习近平新时代中国特色社会主义思想主题教育工作会议上的讲话》，人民出版社 2023 年版。

［45］习近平：《论坚持党对一切工作的领导》，中央文献出版社 2019 年版。

［46］习近平：《在民营企业座谈会上的讲话》，人民出版社 2018 年版。

［47］习近平：《在企业家座谈会上的讲话》，人民出版社 2020 年版。

［48］习近平：《在纪念马克思诞辰 200 周年大会上的讲话》，人民出版社 2018 年版。

［49］习近平：《论党的青年工作》，中央文献出版社 2022 年版。

［50］习近平：《知之深　爱之切》，河北人民出版社 2015 年版。

［51］习近平：《在深圳经济特区建立 40 周年庆祝大会上的讲话》，人民出版社 2020 年版。

［52］《习近平重要讲话单行本》（2021 年合订本），人民出版社 2022 年版。

［53］《习近平关于社会主义政治建设论述摘编》，中央文献出版社 2017 年版。

［54］《习近平关于全面从严治党论述摘编》，中央文献出版社 2016 年版。

［55］《习近平关于"不忘初心、牢记使命"论述摘编》，党建读物出版社、中央文献出版社 2019 年版。

［56］《习近平关于社会主义文化建设论述摘编》，中央文献出版社 2017 年版。

［57］《习近平关于社会主义经济建设论述摘编》，中央文献出版社 2017 年版。

［58］《〈关于若干历史问题的决议〉和〈关于建国以来党的若干历史问题的决议〉》，中共党史出版社 2010 年版。

［59］《"学习习近平总书记重要讲话精神，迎接党的二十大"：论学习贯彻习近平总书记在省部级主要领导干部专题研讨

班上重要讲话》，人民出版社 2022 年版。

［60］《"一大"前后：中国共产党第一次代表大会前后资料选编》（二），人民出版社 1980 年版。

［61］《关于新形势下党内政治生活的若干准则》，人民出版社 2016 年版。

［62］《二十大党章学习手册》编写组编著：《二十大党章学习手册》，人民出版社 2022 年版。

［63］《中国共产党章程》，人民出版社 2022 年版。

［64］《十九大党章学习手册》，人民出版社 2017 年版。

［65］《中国共产党第十九届中央委员会第六次全体会议文件汇编》，人民出版社 2021 年版。

［66］《中共中央关于党的百年奋斗重大成就和历史经验的决议》，人民出版社 2021 年版。

［67］中共中央宣传部：《中国共产党的历史使命与行动价值》，人民出版社 2021 年版。

［68］中共中央宣传部编：《习近平新时代中国特色社会主义思想学习纲要（2023 年版）》，学习出版社、人民出版社 2023 年版。

［69］中共中央宣传部编：《习近平新时代中国特色社会主义思想学习问答》，学习出版社、人民出版社 2021 年版。

［70］中共中央宣传部、国家发展和改革委员会编：《习近平经济思想学习纲要》，人民出版社、学习出版社 2022 年版。

［71］本书编写组：《脱贫——中国为什么能》，人民出版社 2022 年版。

［72］本书编写组：《党的二十大精神专题十二讲》，人民出版社 2023 年版。

[73] 中国社会科学杂志社编：《中国式现代化：人间正道》，人民出版社 2023 年版。

[74]《中共中央 国务院关于促进民营经济发展壮大的意见》，人民出版社 2023 年版。

[75] 中央党校采访实录编辑室：《习近平的七年知青岁月》，中共中央党校出版社 2017 年版。

[76] 张智：《新时代爱国主义教育十五讲》，人民出版社 2021 年版。

[77] 吴德刚：《中国共产党代表大会制度》，人民出版社 2022 年版。

[78] 高培勇主编：《经济高质量发展理论大纲》，人民出版社 2020 年版。

[79]［美］塞缪尔·P. 亨廷顿著，王冠华等译，沈宗美校：《变化社会中的政治秩序》，上海人民出版社 2008 年版。

二、期刊类

[1] 习近平：《把中国文明历史研究引向深入 增强历史自觉坚定文化自信》，《求是》2022 年第 14 期。

[2] 习近平：《继承和发扬党的优良革命传统和作风 弘扬延安精神》，《求是》2022 年第 24 期。

[3] 习近平：《健全全面从严治党体系 推动新时代党的建设新的伟大工程向纵深发展》，《求是》2023 年第 12 期。

[4] 习近平：《开辟马克思主义中国化时代化新境界》，《求是》2023 年第 20 期。

[5] 习近平：《坚持和发展中国特色社会主义要一以贯之》，《求是》2022 年第 18 期。

［6］习近平：《当前经济工作的几个重大问题》，《求是》2023年第4期。

［7］习近平：《在文化传承发展座谈会上的讲话》，《求是》2023年第17期。

［8］习近平：《在二十届中央政治局常委同中外记者见面时的讲话》，《求是》2022年第22期。

［9］习近平：《在二十届中央政治局第四次集体学习时的讲话》，《求是》2023年第10期。

［10］周敬青：《中国共产党独特而强大的组织优势》，《红旗文稿》2019年第21期。

三、报刊网络类

［1］《心往一处想劲往一处使推动中华民族伟大复兴号巨轮乘风破浪扬帆远航》，《人民日报》2022年10月18日。

［2］《坚定文化自信秉持开放包容坚持守正创新　为全面建设社会主义现代化国家　全面推进中华民族伟大复兴提供坚强思想保证强大精神力量有利文化条件》，《人民日报》2023年10月9日。

［3］《牢牢把握东北的重要使命　奋力谱写东北全面振兴新篇章》，《人民日报》2023年9月10日。

［4］《始终干在实处走在前列勇立潮头　奋力谱写中国式现代化浙江新篇章》，《人民日报》2023年9月26日。

［5］《党面临的"赶考"远未结束——习近平总书记再访西柏坡侧记》，《人民日报》2013年7月14日。

［6］《守正创新真抓实干　在新征程上谱写改革开放新篇章》，《人民日报》2023年4月22日。

［7］《实现民营经济健康发展高质量发展（人民要论）》，《人民日报》2023年4月18日。

［8］《加快实现高水平科技自立自强（两会时间）——广大干部群众热议创新发展》，《人民日报》2023年3月8日。

［9］人民网联合调查组：《多地企业家热议："总书记'谈心式互动'，让我们干劲儿十足"》，人民网2020年7月22日。

［10］《不断深化对党的理论创新的规律性认识　在新时代新征程上取得更为丰硕的理论创新成果》，《人民日报》2023年7月2日。

［11］《及时科学解答时代新课题（人民观点）——不断深化对党的理论创新的规律性认识③》，《人民日报》2023年7月25日。

［12］习近平：《会见香港澳门各界庆祝国家改革开放40周年访问团时的讲话》，《人民日报》2018年11月13日。

［13］习近平：《推动形成优势互补高质量发展的区域经济布局　发挥优势提升产业基础能力和产业链水平》，新华网2019年8月26日。

［14］《时时铭记事事坚持处处上心　以严和实的精神做好各项工作》，新华网2015年9月12日。

［15］霍小光、邬焕庆、张晓松等：《22个故事讲述习近平的调研之道》，新华网2023年7月4日。

［16］《有事服好务　无事不打扰》，《深圳特区报》2022年7月12日。

［17］《"刹住新的不正之风没有气势不行"——习近平总书记在河北正定工作的难忘岁月（五）》，河北新闻网2017年9月11日。

[18]《同呼吸才能心相印——习近平在正定工作期间坚持群众路线纪实》,《河北日报》2013年8月27日。

[19]《习近平与"十三五"五大发展理念·协调》,"学习中国"App 2015年11月1日。